ラーメン記者九州をすする！

替え玉編

小川祥平

西日本新聞社

目次

福岡県

福岡市

佐賀、長崎県

大分、熊本、宮崎、鹿児島県

※掲載している情報は原則令和6年2月時点のものです

はじめに

「ヤツらはラーメンを食ってるんじゃない。情報を食ってるんだ!」。小学館発行の漫画「ラーメン発見伝」の人気キャラクター芹沢達也が発した言葉に「なるほど」と思う。物語の中では、皮肉として使われたセリフだが、ある意味真理を突いているからだ。

ラーメンを食べるとき(少なくとも僕は)、単純に味だけを受け取っているのではない。内観、外観などの雰囲気も作用するし、材料の産地やうんちくが示されればそれも気になってしまう。とりわけ興味がわくのが店主のこと。始めたきっかけは? なぜ継いだのか? どこで修業したのか? そのようなライフヒストリーや店自体の歴史も知りたくなる。

ラーメンのスープは、骨自体の品質、火加減、継ぎ足しスープならそのタイミング、客の入り具合などで味はブレてしまう。しかし、店のエピソードにはブレがない。おもしろい話が聞ければ、それだけでもおいしくもなるものだ。

平成29年に出版した拙著「ラーメン記者、九州をすする!」では、店や店主たちの歴史を掘り下げた。もちろん味も評価してはいるが、グルメ本とは一線を画すことを意識した。

本著のスタンスも同じである。今回は、前作刊行以降に取材した店の中からおよそ90軒ほどを選んでいる。初出は、西日本新聞朝刊の「のれんのヒストリー」、フリーペーパーぐらんざの「九州麺人生」、共同通信社の「政経週報」への各連載のほか、佐賀・長崎観光振興推進協議会発行のフリーマガジン「SとN」へ執筆したものだが、大幅な加筆・修正をほどこした。ほかにも本書のための書き下ろしも含めている。

振り返ってみると、白濁豚骨ラーメンを九州中に広めた立役者の一人である四ケ所日出光さんへの生前インタビューが〝ラーメン記者〟としての活動の出発点だった。九州各地に刻まれている四ケ所さんの足跡も感じることができた。ほかにも、博多で人気の味噌ラーメン店と天神で愛された冷麺店の意外なつながりも聞いた。また唐津の名店・一竜軒の歴史（現在は閉店）をたどると、大牟田の光華園につながった。一竜軒は後の世代にも影響を与え、その味にほれた店主たちが各地に広がっている。

インタビューしているのは個々の店主で、極めて個人的なことを聞いている。ただ、数が集まると点と点が線となり、ラーメンの系譜が浮かび上がったり、九州ラーメンの文化史としてつながったりするのがおもしろかった。それが、次の取材の原動力にもなった。

巻末には「九州豚骨今昔物語」として、九州においての豚骨ラーメンの始まり、広がっていくまでをエッセーにしてまとめている。このコーナーを含めると紹介する店は１００軒を超える。ここでは前作で取材した際のエピソードなども若干織り交ぜている。食べ終わったスープに、新しい麺を投入する「替え玉」のような一冊になったのではないか。

ラーメンを食べずとも、単に読み物として楽しめると自負している。県別、自治体別にまとめているので、地元や旅先でのグルメガイドとしても使える。もちろん、読んで、食べてもらえるのが一番うれしいし、ぜひ本書を片手に食べ歩きをしてもらいたい。ラーメンとともに「情報を食って」みませんか。

福岡県

伝統と革新の味

博多だるま総本店

（福岡市中央区）

はかただるまそうほんてん
福岡市中央区渡辺通1の8の25
☎092-761-1958

左／「店舗展開しなかった父の大変さは分かる。感謝してます」と河原秀登さん　右／創業時をイメージしたラーメンは800円

令和4年暮れの夕刻。「博多だるま総本店」に、楽しげな声が響いた。ＤＪブースが置かれ、書家がライブペインティングをしている。「たくさん飲んでください」。代表の河原秀登さん（57）が乾杯の音頭をとる。手にしているのは、福岡県岡垣町にある新進の醸造所とコラボして造ったクラフトビールだ。いろいろなものが革新的であるが老舗である。この日は創業59周年を祝う会だった。

創業者は河原さんの父、登さん。独学で味をつくりあげ、昭和36年に福岡市早良区西新で「扇屋」を開いた。屋台のような店は半年ほどしか続かなかった。しかし、妻となる房子さん（84）と出会って再挑戦。昭和38年、博多区吉塚に「だるま」ののれんを掲げると、徐々に知られるようになり、河原さんが小学生の頃に東区箱崎に移転。近辺にあった「赤のれん」「博龍軒」など博多を代表する老舗と肩を並べるほどの人気となっていた。ちなみに、房子さんの兄弟もだるまに続き、市内で「八っちゃんラーメン」「中華橋本」を始めている。

親族共々ラーメン一家であるが、「継ぐ気はまったくなかった」と河原さん。人気とはいえ、家族経営は楽ではない。両親は大学を出て安定した職業に就いてほしいと願った。一方の河原さんは、音楽やダンスが好きでアメリカに渡ったりもした。大学は行かなくなり、24歳で反抗して家出。「料理なら和食」と大阪で修業を始めた。

しかし翌年、登さんが体調を崩してしまう。手伝いのために戻ると「大事なものが、うちにあると気付いたんです」。それは福岡のおもてなし文化を支えているという事実だった。「ラーメンだけではない。ここおいしいよ、あそこもいいよってあるでしょ」。その一角にだるまがあると気付いた。

それでも単に「継ぐ」ことはしなかった。平成5年に中央区警固に「秀ちゃんラーメン」をオープン。「父親を超えたい」とより濃く、よりこってり味で勝負した。平成12年には、立ち退きで箱崎だるまの閉店が決まると、中央区渡辺通に店を移して「博多だるま」として再出発させた。会社組織にして家族経営からも脱却。チェーン展開や海外進出も果たしている。

「けんかしてから仲良くなった。親子から師弟になって、絆も強くなりましたね」。登さんは75歳で亡くなるまでこの店で麺づくりを担った。味に対する考え方、飽きさせないための工夫、続けるための努力。父親とはいろいろな話ができた。引き継いで以降、元だれやスープの製法は自分流にアレンジしてきたが、「今はだるま創業時の味を自分なりの解釈で再現しています」と河原さん。

その一杯を前にする。確かに、数年前に食べた時と比べても見た目からワイルドさが際立つ。粘度はないが、濃度があるスープ。すすると、豚骨臭がスープの泡で封じ込められていたかのように広がっていく。暴れそうなところをぎりぎりで抑えているのもいい。細麺をつまみ上げて、勢いよくすするたびに、豚骨臭が楽しめた。

平成23年3月26日、河原さんは宮城県気仙沼市にいた。東日本大震災の被災者千人近くにラーメンの炊き出しをした。団体「救州ラーメンプロジェクト」を立ち上げ、東北支援を継続するほか、熊本地震など各地で災害支援を行っている。活動の原動力には登さんの言葉がある。

「人に感謝されることをしなさい」

河原さんは「僕の場合、それはラーメンしかない」と話す。災害支援だけではない。ミュージシャンや俳優などさまざまなジャンルの人とコラボしたり、ほかの飲食店とイベントを手がけたり。ラーメンという枠から飛び出しているようにみえるが、軸にラーメンがあるからこその活動なのだという。父親に「ラーメンしかない人生を送るな」と言われたこともある。「だけど、僕の人生のパーツはラーメンなんです」

だるまは60年、秀ちゃんラーメンも30年の節目を迎えた。ただ、河原さんは歴史の重みをあまり感じていないという。「今日、明日のことしか考えられません」。伝統を受け入れつつ、日々革新していく。それが結果として歴史となり積み重なっているのだろう。

流浪のフォー

シンチャオ（福岡市中央区）

しんちゃお
福岡市中央区六本松2の3の17
☎080-3229-2479

右／「コロナは大変でした」と渡辺治さん。今はキッチンカーも始動　左／鶏フォーは880円。野菜の量がすごい

先日の夜、福岡市中央区六本松で友人と痛飲し、締めの一杯を求めてさまよった。40代半ばすぎの2人。「あっさりしたものを」と流れ着いたのはベトナム料理店「シンチャオ」だった。友人の行きつけらしく、大将の渡辺治さん（49）を紹介されて名刺を交換した。その裏に書かれた自己紹介に驚かされた。

〈昭和50年ベトナムホーチミン（サイゴン）生まれ。4歳の時に難民船に乗って東京を経て福岡にたどり着いた〉

ベトナム名物の麺料理「フォー」を食べてお開き、のはずだったが、そうはいかなくなった。ベトナム？　難民船？　気付けば渡辺さんを質問攻めにしていた。

結婚して婿養子に入った渡辺さんの旧姓は竹原。ベトナムが南北に分断されていた時代に父親の竹原茂さん（89）は南ベトナムに漁業指導員として渡り、母親のはるみさん（73）＝ベトナム名、ホワア＝と出会った。渡辺さんに続き、長女恵子さん（48）、次男実さん（47）を授かり、前途洋々たる未来が開けたはずだった。

昭和51年、南北ベトナムが統一されると、その生活は大きく揺るがされる。社会主義国化への不安もあった。仕事はなくなり、食料も逼迫した。周りにいた多くの人たちは「ボートピープル」として亡命を試みていた。「おやじが船を操縦できることもあって、脱出を決めたんです」と渡辺さん。

全長25メートルの木造船が、漆黒の海を頼りなく進む。大揺れの船内で4歳の渡辺さんは妹、弟とともに母親の胸にうずくまっていた。約530人の難民を乗せた船では、1平方メートルに4人がひしめく。茂さんは、そんな「地獄船」のかじを握り、その手には難民たちの運命も委ねられていた。

ベトナムを離れたのは昭和54年4月。最初はオーストラリアを目指したが、死者が出るなどして、すぐに無謀だと悟った。途中で羅針盤を失ったため、昼は太陽、夜は南十字星を頼りに進路を取り、マレーシア南端に漂着。運良く難民キャンプに移送されて九死に一生を得た。

頂いた名刺の自己紹介はこう続く。

〈7歳の時に両親が博多駅南でベトナム料理店「南十字星」を開業する〉

昭和54年8月無事に帰国。両親は日本初のベトナム料理店「アオザイ」（昭和55年創業、東京）で腕を振るった後、茂さんがかつて働いていた福岡に戻って自分たちの店を開いた。闇夜で家族を導いてくれた星の名を冠して。

ただ、それで安泰とはいかないのが人生である。「ベトナム料理といっても誰も知らないから」。両親は掛け持ちで仕事をした。客の残した料理が夕飯になることもあった。小学生だった渡辺さんは下ごしらえや接客をこなし、中学生になると厨房に入った。

「軌道に乗ったのは高校生の頃ですかね」。そう振り返りながら渡辺さんは一杯を差し出した。

あっさりと思いきや意外に濃厚な鶏だしスープ。つるりとした食感の米粉麺はベトナムから取り寄せたものを使っている。そして付け合わせの生野菜の量がすごい。コリアンダー、空芯菜などが山盛り。野菜を入れたり、チリソースを加えたりと味の変化も楽しめた。

幼少期からベトナム料理に人生をささげてきた渡辺さん。反発心もあったのだろう。28歳で店を離れ、その後の8年間さまざま仕事を経験した。ただ「この道しかなかったんですよね」。平成29年にシンチャオを開店した。南十字星は弟の実さんが引き継いで営業中である。

「母親の味を少しでも多くの人に知ってほしい」。そんな思いが渡辺さんの原動力だが、近年は別の思いも芽生えている。法務省の統計（令和元年）によると、九州の在留ベトナム人は約4万人で、5年で4倍以上になっている。福岡県にはその半分近くが集中している。実際、ベトナム人のお客さんも増え続けているという。

「母国を捨てた僕とは違うけれど、わずかなお金で頑張っている人も多い。ベトナム料理に触れて古里を思い出してほしい」。数々の苦難を乗り越えてきた流浪の一杯は、異国の味、祖国の味として根を下ろしつつある。

伝説の一杯が再現
中華そば　ふくちゃん（福岡市中央区）

ちゅうかそば　ふくちゃん
福岡市中央区清川2の1の34
☎092-775-9025

右／「叔父は、本当に最先端の人でした」と福田秀雄さん　左／中華そば（800円）を求めて信兵衛時代からの常連も来るというかつて福岡市の薬院に伝説の中華そば店があった。名前は「信兵衛」。多くの人をとりこにしたが平成12年に突如として姿を消した。この信兵衛の凄いところは、閉店から20年以上がたっても、昔のファンがその名前を口にし続けていたこと。元従業員の福田秀雄さん（49）もその一人。幻の一杯を再現して、「中華そば　ふくちゃん」をオープンさせた。

信兵衛を経営していたのは岡部信也さん。博多の老舗「川端英ちゃんうどん」（昭和32年創業、今は閉店）の2代目であり、福田さんの叔父でもある。うどん店主がなぜ中華そばなのかは今となっては分からない。福田さんは「2代目として親を超えたいとの思いがあったのでは」と推測する。

信兵衛の創業年は定かでないが、平成4年頃とみられる。その年の西日本新聞に岡部さんが登場するからだ。当時、英ちゃんうどんは川端商店街と西鉄福岡駅（当時）の「味のタウン」に店を構えていた。記事は、再開発で天神からの撤退を決め、信兵衛を開店したと伝えていた。

福田さんは23歳の頃、開店から5年ほどたった信兵衛で働き始めている。「うどん出身だからか、だし感あるスープ。そして手打ち麺。こんなラーメンがあるのかと衝撃でした」

叔父としての岡部さんは大酒飲みで豪快。ただ、料理となると繊細だった。朝イチで麺生地を踏み、昆布は羅臼産など食材にもこだわった。ところが3年ほど勤めたある日、岡部さんは倒れてしまった。見舞いに行くと、「継いでくれんか」と一言。しかし、音楽で身を立てる夢があった福田さんは固辞して上京した。

結局、岡部さんは復帰することなく亡くなり、そのままのれんを降ろすことになった。「いつの間にかなくなった」とファンの間で信兵衛は伝説化していった。

「私も叔父の一杯がずっと頭にあったんです」。音楽を諦めた福田さんは34歳で帰郷し、ラーメンの道へ。福岡市内の中華そば店に就職。独立を考えるようになってからは、味の再現を試み始めた。仕込みを手伝い、賄いで食べていた伝説の味。高級食材をふんだんに使っていた信兵衛に対し、福田さんは手に入りやすい食材で味を近づけていった。

完成した一杯は、琥珀色のスープが美しい。僕もかつて信兵衛の中華そばを食べたことがあるが、当時学生であまり覚えていない。レアチャーシューなど今どきの見た目だが、福田さんは「当時からこのチャーシュー。違うのは麺と焦がしネギを入れていないくらい。本当に最先端をいっていた人でした」。それだけ岡部さんの一杯が進んでいたということか。

スープを一口すする。薄口醤油ベース。昆布、節系由来のうま味や酸味が舌に広がる。それが横軸なら、豚鶏の動物系のだしは縦軸として奥行きを与えてくれる。縮れ麺にもよくスープが絡んで、ずずっとすすれば小麦の風味がまたプラス。さまざまな風味を楽しんでいると、箸が止まらない。

信兵衛ファンにとっては長年の空白を埋めてくれる一杯だろう。ただ、そうでない人も満たされるはず。歴史はアクセントにすぎない。そう感じさせてくれる味だから。

一杯に交差する思い出たち

長浜ナンバーワン（福岡市中央区など）

撮影の際、店のスタッフから「太ったっちゃなか？」と声をかけられる。種村さんは苦笑い？

ながはまなんばーわん
天神店／福岡市中央区今泉2の4の41
祇園店／福岡市博多区祇園町4の64

シンプルな味、見た目でいかにも「ザ・長浜」というラーメンは680円。一気にすすり上げて替え玉するのがいい僕にとって思い出の屋台といえば福岡市中央区の長浜鮮魚市場そばにあった「ナンバーワン」。20代の頃によく訪れた。安く飲めるし、締めのラーメンもおいしい。県外の友人を連れて行くと必ず喜んでくれた。

そんな思い出話を切り出すと「その頃私もいましたよ」。2代目、種村剛生さん（58）はそう返した。言われてみると確かに若き日の種村さんの姿を覚えている。そして隣にいた初代大将の姿も。

店の始まりは昭和46年、竹中忠勝さんが「昇龍軒」という名の屋台を長浜に構えた。近くの「元祖長浜屋」がまだ屋台だった時代。強力なライバルを前に最初はうまくいかなかったそうだ。しかし、味の改良を重ねて徐々に人気に。「長浜屋台で一番になりたい」との思いで「ナンバーワン」と屋号も変えた。

種村さんはといえば、ナンバーワンの常連客だった。長崎県出身。大学卒業後に福岡市の会社に就職し、会社の先輩に連れて行ってもらったのがナンバーワンだった。既に繁盛店。そこで食べた一杯を「感動的なおいしさだった」と振り返る。ファンとして通うようになり、竹中さんとも顔見知りになっていた。

「普通の常連客」でいられなくなったのは30歳に差し掛かる頃。交際中の彼女と結婚を考えていた種村さんは、相手の父親の職業を聞いて驚がくの事実を知ることになる。「それがナンバーワンだったんです。全然知らなくて…」

結婚後、そのまま会社員を続ける道もあったが、そうはしなかった。バブルは崩壊し、景気も上向かない。34歳でラーメンの道に進むことを決めた。竹中さんとの関係は、馴染みの店の大将から、お義父さん、そして師匠になっていく。人生とは分からないものだ。

皿洗いから始め、仕入れ、仕込みを手伝い、2、3年経つとスープを触らせてもらえるようになった。平成17年には、のれん分けをしてもらい、ナンバーワン祇園店として独立した。経営の手腕も発揮し、天神、博多駅、箱崎と数年で店舗を拡大している。最初は「のぼせるな」と厳しかった師匠も「もう大丈夫」と認めてくれた。その後、竹中さんが体調を崩したため、2代目として長浜の屋台の経営も引き継いだ。屋号を「長浜ナンバーワン」に変えている。

冒頭で「思い出」と書いたのは、既にその屋台はなくなったから。平成25年に施行された福岡市屋台基本条例により営業許可の更新ができなくなり、その2年後に屋台を畳んでいる。ちなみに、最終日は病気療養中の竹中さんも店に立ち、種村さんや常連客に見守られながら「涙の花道」を飾った。

種村さんにラーメンをつくってもらった。かつてはワイルドな印象だったが、今はちょっと違う。豚骨のまろやかなだしはコクがある。とろみがあるスープをまとった細麺を口に放り込み、するすると胃袋に収めていく。一気に完食。これぞ長浜ラーメンだと思う。

「屋台の頃より確実に進化していますよ」。種村さんはそう言った。思い出は簡単に美化される。しかし、目の前の一杯は決して美化されることはない。言葉の裏にそんな矜持を感じた。

余韻残るいいスープ
大島ラーメンあづまや 福岡店（福岡市中央区）

再開発が進む福岡・六本松地区。個人的に華やかさが目立つ中心部より、裏通りが好きだ。場所に馴染んだ古い店があれば、オーナーの好みが色濃く出た新しい店も増えているからだ。「あづまや」は、この新旧が混在した街を象徴している。モダンな内観で提供するのは、半世紀以上受け継がれた味なのだから。

ラーメンは純豚骨かとも思ったが、一口すると鶏だしのうま味、甘みが重なる。豚骨4割に対し、鶏が6割というのもうなずける。優しさがありつつ、余韻が残る好きなタイプだ。合わさる細麺は自家製といい、平打ちでしなやか。食感は博多の麺とちょっと違う。ほかのメニューには皿うどんにちゃんぽん…。そう、この店は長崎にルーツを持つ。店主の三岳龍太さん（39）は言う。「長崎県西海市の大島が本店です」

三岳さんは高校卒業後、福岡に来た。調理専門学校を出た後は中華、和洋食店などで働き、料理人としての将来を模索していた。転機は20代終盤、帰省中に父親の弘敏さん（69）のラーメンを食べ、「こんなにおいしいのなら、ラーメンの道もいける」と感じた。「店を継ぎたい」。そう切り出すと、弘敏さんから返された。「福岡に出そう」

弘敏さんにとっても福岡は縁深い土地だった。島を出て福岡大に進み、そのまま就職した。しかし、26歳の頃、父親の介護のために帰郷。働き口として選んだのが義理の父、三井所鉄夫さんが経営する「あづまや」だった。

もともとは隣島の崎戸で製麺所を経営していた三井所さん。昭和39年、取引先だった大島のラーメン店「あづまや」を継いでいた。弘敏さんにとっても子どもの頃の思い出の味。義父の下で懸命に働き、2代目として店を切り盛りする。

「父には支店を出したいという気持ちがずっとあった。でも味と本店を守ることに必死だったんだと思う」

2代目の思いを代弁する三岳さんは〝跡継ぎ宣言〟の後、福岡市のラーメン店で3年間修業。さらに父親に弟子入り。そして平成29年6月、親子の念願となっていた福岡進出を果たした。

店には、島の出身者も来てくれる。故郷とのつながりを喜ぶ三岳さんだが、別の思いも抱いている。「大島のラーメンをより多くの人に知ってもらいたい」。祖父、父親に引き継がれてきた味を守る。それだけでなく、さらなる広がりを目指す。街と同じように新旧が混在している。その感じ、好きである。

おおしまらーめんあづまや
ふくおかてん
福岡市中央区六本松1の5の17
☎092-751-3636

ラーメンは一杯700円。つけ込まれたシナチクも本店と同じ。ちゃんぽんと皿うどんも美味なので迷う

蓄積されたおいしさ
大重食堂（福岡市中央区）

カウンターにサイフォンがずらりと並ぶさまは喫茶店のよう。しかし、漂ってくるのは珈琲ではなく、だしの香り。「大重食堂」の看板メニューは、サイフォンでだしを取る珍しい手法の一杯だ。

上部のロートには7種の削り節が入る。店主、大重洋平さん（47）は、注文のたびに昆布とあごで取ったスープを下部のフラスコに入れて火をともす。熱されたスープは吸い上げられ、削り節と混ざり合い、火を止めると再びフラスコに落ちていく。その間、数分。見計らったように麺も茹で上がり、完成となる。

スープをすすると華やかなだしが鼻を抜ける。河豚、鰹、鯖、鰯といった魚系だけでなく、牛ヒレ、豚ヒレ、鶏むね肉の削り節も加えているからだろう。柔らかながらコクがある。ラーメン専用小麦「ラー麦」の麺もぐいっと弾力がある。

「節の研究が発端なんですよ」。そう語る大重さんはラーメン職人ではなく料理人だ。23歳で料理の世界に飛びこみ、平成22年に福岡市中央区警固で「ＢｉｇＨｅａｖｙ Ｋｉｔｃｈｅｎ」をオープン。和洋の創作料理が人気の店となったが、同時にもどかしさも抱えていた。

「長い時間を掛けてだしを準備しても時間と共に味が変わるし、冷蔵や冷凍保存も適さない」。そこで平成27年頃から試し始めたのがサイフォンと削り節だった。「フランス料理の料理人がサイフォンでブイヤベースをつくっていたのがヒントです」。肉や魚などさまざまな食材を煮沸、乾燥、燻し、節をつくって、サイフォンでだしを取るようになった。

大重さんは大のラーメン好きでもある。その延長でラーメンをつくるのは自然な流れだったのかもしれない。「和だしなのでうどんの麺をいれたらうどんっぽくなる。いかにラーメンにするか」と試行錯誤した。うま味調味料は使わない。何十種類もの節を試した。平成29年7月、大重食堂として昼の営業を始めた。「だしの新鮮さ。お客さんのために一杯一杯つくるのも受けた」と好評だった。

同じ年の暮れ、さらなる飛躍を遂げた。博多一風堂の創業者、河原成美さんがプロデュースする「ＷＲ（ワールドラーメン）ＧＰ」で優勝したのだ。1千万円という破格の賞金で翌年に今泉店を開店した。現在は警固でのラーメンの提供はやめ、今泉店一本に絞っている。

ラーメンは長い時間かけてスープを取るのが一般的だ。一方、大重さんの一杯は数分で出来上がる。一見効率的にも思えるが、節を作るのには1カ月から半年ほどかかるという。この風味の豊かさは、節が持つ時間と味の蓄積ゆえである。

おおしげしょくどう
福岡市中央区今泉1の12の23
☎092-734-1065

目の前で一杯ずつつくられる「サイフォンラーメンDashi」は1100円。淡いスープは見た目と違って力強い

柔らかな心地よさ

めん処三喜（福岡市中央区）

ここに来るといつも迷う。柳橋連合市場横の「めん処三喜」。ちゃんぽんと決めてもうどんを注文したり、うどんにするつもりがラーメンになったり。セットの丼物をつけてしまうことも…。「おすすめとか聞かれるけど、こっちも迷います」。切り盛りする三木勝一さん（63）、規子さん（64）夫婦は笑う。

初めて取材に訪れた日は、うどん気分で臨んだものの、何も知らない勝一さんは「ちゃんぽんつくろうか?」。その言葉に最初の思いはどこへやら。「お願いします」と答えていた。

「目分量だからね」と勝一さんは野菜を手際よく炒め、だしスープを投入する。和風ちゃんぽんは、あっさり味に野菜の甘みが溶け込む。麺と具材をワシワシとほおばり続けると、あっという間に平らげていた。

うどんはもちろん、ちゃんぽんもすべて和だしのみでつくる。どれも柔らかく、ほっとする味。その共通点が迷う理由の一つかもしれない。

ルーツは戦前にさかのぼる。規子さんの祖父、定次郎さんが創業者。香川県生まれ。16歳で博多に渡り、屋台、製麺、食堂を手掛けた。戦中は疎開し、戦後になり現在の店舗横に「三木製麺所」を構えている。今も隣接する製麺所では勝一さんが未明から作業し、うどん、ちゃんぽん、ラーメンの麺をすべてつくる。

三喜を併設したのは規子さんの両親、喜代照さんと澄子さんの時代。当時一番の卸先だった「川端英ちゃんうどん」が自家製麺に切り替えたことも理由だが、それだけではないようだ。

「母は戦前やってたような食堂をしたかったみたい。だしのレシピも祖母から受け継いでいましたし」と規子さん。和風ちゃんぽんは家庭の味だった。朝から営業し、ご飯、味噌汁といった朝食メニューも加えた。また、取引先のラーメン屋台からのアドバイスを受けて考案した「和風らぁめん」も提供している。なので、三喜は「ラーメン屋さん」とも言えるのだ。

場所柄、市場関係者が主要客と思いきや、ずっとサラリーマンだという。朝8時オープンのはずが、7時半に常連客が来るので前倒すというのも微笑ましい。

結婚後、会社員をやめた勝一さんは「ここに来た以上、そうするしかない」。それを聞いた規子さんは「よう動いてくれてます」。夫婦の柔らかなやりとりが店にしみこみ、柔らかな雰囲気につながっている気がする。

安くて、多くて、味もいい。何より地域に溶け込むさまは理想的な食堂である。ここに来るたびに迷いなくそう思える。

めんどころみき
福岡市中央区春吉1の7の1
☎092-761-0225

「写真は『和風らぁめん』を載せたいんです」。そう伝えると勝一さんは「地味やけどな〜」と言いながらつくってくれた。480円

新しい「おいしさ」

手打ちうどん円清（福岡市中央区）

武蔵野うどんをご存知だろうか。ゴリゴリとコシの強い手打ち麺を肉つけ汁などに浸して食べる、埼玉や東京・多摩地区に伝わる郷土麺だ。平成30年に開店した「手打ちうどん円清」の店主、岩坂隆玄さん（50）は、埼玉でうどん屋を営んでいた。しかも「肉汁ざるうどん」などいかにもなメニューが並ぶ。当然、武蔵野うどんの店と思っていたのだが…。

艶やかな見た目の麺はどこまでも長い。80センチはあろうかという麺をつけ汁に浸し、口に運ぶ。ぷにゅっとコシがあるが、口触りは滑らか。武蔵野うどんが男性的ならば、こちらは女性的。甘くないきりりとしたつけ汁はイリコだしが前面に出る。節、昆布は使ってない。

「福岡にないタイプだから」。岩坂さんは出店理由を語る。福岡で飲食店を経営する知人から移転話を持ちかけられ、平成29年末をもって埼玉県飯能市の「如水」を畳んだ。売れてないどころか繁盛店だった。それを投げうっての挑戦に「安定が嫌なんでしょうか」と言う。確かに安定を拒むかのように麺人生を切り拓いていた。

30歳までは会社員。営業回りでラーメンにはまって脱サラし、未知の世界に飛びこんだ。最初はチェーン店。その後、埼玉にある「あぢとみ食堂」に移った。煮干しだしをメインにした和風ラーメンが人気の店で修業中、今度は香川県で食べた讃岐うどんにはまってしまう。「麺の多彩さがすごかった。戻ると師匠に『ラーメンじゃなくてうどんやります』と宣言しました」と笑う。

香川で3年間学んだ後の平成21年、埼玉県狭山市で「如水」を開いた。麺は自分好みの滑らかさを追求し、つけ汁はラーメン店で学んだイリコだしにした。武蔵野うどんのスタイルを踏襲しつつ、違うものに仕上がった理由はそこにある。3年後、飯能に移転する頃には人気店となった。ただ、それは同時に安定を意味していた。

九州との縁はなかった。福岡に移ってからは醤油を地元産にし、麺も少しだけ柔らかめにした。福岡は温かいスメの文化で、つけ汁に戸惑う人も多い。反応の違いを実感しつつ、楽しんでもいる。

「福岡にないタイプ」。その言葉どおり、円清のうどん目当てに多くの人が来るようになった。軌道に乗ったかと思うと、「安定嫌い」な岩坂さんが顔を出す。うどんのみの提供スタイルを変え、手打ち麺を使ったラーメンの提供日をもうけるようになった。「ラーメンは気が向いたらですよ」と言う。

これからも岩坂さんは変わり続けるのだろう。そうであるかぎり、食べ手としては新たな「おいしい」が味わえる。

てうちうどんえんせい
福岡市中央区舞鶴2の7の1
☎092-721-4929

新年の２日間限定で出した「炭焼き鰤らーめん」。手打ちストレート麺がうまし。天然ぶり丼が付いて1000円

「麺が先」そして「味が先」
月光軒（福岡市中央区）

むんらいけん
福岡市中央区天神2の12の1
天神ビル地下
☎092-710-7779

右／中華そばは、しお（写真）と醤油があり、
いずれも840円。自家製麺のうまさが際立つ
左／毎朝製麺を行い、厨房に立つ望月学さん

「学は今、海外でラーメンをつくっちょんけ（つくってるから）」

今回紹介する「月光軒」の望月学さん（56）の名前を初めて聞いたのは平成27年のことだった。場所は大分県別府市の「ラーメン大学」。経営する木船さん一家を取材していた時に、望月さんの話が出てきたのである。

なぜそんな話題になったのか説明が必要かもしれない。

ラーメン大学は昭和35年に望月さんの父、国弘さんが始め、その後、親戚の木船正典さん（故人）（79）がのれんを継いでいた。「国弘さんに息子さんはいなかったんですか？」と質問したと思う。そこで冒頭の言葉が返ってきたのだった。望月さんは家業を継がずに別府を離れ、当時は海外でラーメン関係のコンサルティング業をしているらしかった。

その程度で話は終わったが、奇遇にも4年後の令和元年に望月さんと実際に会うことになる。福岡市で月光軒をオープンさせたからだ。

「ラーメン屋を継ごうとは全く思っていなかった。別府を出た後、最初は歯科技工士をしてたんですよ」。今や人気店となった月光軒で、望月さんは自分と家業の歴史を振り返ってくれた。

　大分県別府市出身。物心ついたときには、父親の店・ラーメン大学は繁盛していた。「近鉄（別府近鉄百貨店）前の屋台」と呼ばれたそうだ。「モンスター屋台ですよ。アーケードにいすを１００脚ほど並べてね」。ちなみに屋号は、雇ったアルバイトが大分大や別府大の学生ばかりだったからだ。

　昭和51年に木船さんは屋台を受け継ぎ、その5年後に鉄輪温泉近くに店舗を構えた。ラーメン大学は僕も大好きな店の一つ。透明感を残したあっさりスープが特徴。豚骨のみを炊き上げたしみじみうまい一杯である。

　望月さんがラーメンの道に足を踏み入れたのは33歳の時。歯科技工士を辞め、次の仕事を考えた時に思い浮かんだのがラーメンだった。「嫌で継がなかったのに不思議なもんですよ」と振り返る。

　実家とはあえて違うタイプの福岡県久留米市の老舗で修業し、平成17年に福岡市南区に「麺家もち月」を構えた。修業先譲りの濃厚豚骨が受けた。しかし、博多区へ移転後に豚骨のにおいで苦情が出る。仕方なく、鶏がらベースの中華そば店に業態を変えたが「面白みを感じなくて…」。レシピごと店を売って海外に活躍の場を求めた。

　「そこで気付かされたのが小麦の奥深さでした」と望月さんは言う。欧米ではパン、ケーキ用の小麦しか手に入らないケースがあった。実際にそれらを使ってみると食感や香りが全く違う。さまざまな試行錯誤を続け、製麺の深みにはまっていった。

　日本では「麺はスープに合わせるもの」と信じていたという。でも「麺が先」に変わり、「麺に合うようなスープ」を考えるようになった。「今ならおいしい中華そばを出せる」。満を持してオープンしたのが月光軒だった。

　中華そばは「しお」と「醤油」の2種。いりこそば、つけそば（右ページ写真）、麻辣《マーラー》そばもあって迷う。この日は「しお」を選んだ。

　透明感ある黄金色のスープが食欲をそそる。塩ラーメンといえば、優しい味を想像するが、この鶏がらベースのスープは力強さを兼ね備える。それに負けないのが麺の存在感だ。なめらかで、もっちり。舌触りと喉ごしがいい。この麺には、ちょっと強めのスープが合う。「麺が先」の意味が分かる気がした。

　月光軒は中洲川端から博多駅、そして現在は天神に移っている。相次ぐ移転だが「望月さんらしいな」とも思う。ラーメン大学のように地域に根付いた店も似合うし、新たな場所に積極的に飛び出す姿も似合う。職人であり、経営者でもある。そのバランスがいい人物だから。

　老舗に生まれ、老舗から逃れた。豚骨から中華そばに移行。海外でも経験を積んできた。そんな望月さんにとっては「場所」はあまり関係ないのかもしれない。それより「味が先」なのだ。

じわりとクリアな味

豚そば月や　大名店（福岡市中央区）

白濁豚骨ラーメンが偶然の産物であることはよく知られた話。終戦直後、久留米の屋台店主が鍋をたぎらせたまま外出し、失敗と思った白濁スープが意外においしかったというのが誕生秘話として伝わる。昔は今ほど濁っていなかったと思われるが、九州の豚骨といえば「白濁」というのが多くの人の認識だろう。

　そんな中で近年「清湯《ちんたん》豚骨」、言い換えれば「濁っていない豚骨」が静かなブームとなっている。福岡県内では春日市の「天広軒」、飯塚市の「来来」、宮若市の「来々軒」あたりか。福岡市では「豚そば月や」の勢いがすごい。

　月やは平成22年、福岡市博多区で創業した。ただ、最初から清湯豚骨を出していたわけではない。店名は「支那そば月や」。福岡であえて醤油ベースのスープに縮れ麺で勝負した。非豚骨が受け入れられ始めた時期とも重なり、同区店屋町（現在の本店）、博多デイトス、小倉などと店舗拡大を続けた。そして平成30年、清湯豚骨専門の別ブランド「豚そば月や　中洲店」を開いた。

　「クリアでありつつ、コクを出すのに苦労しました」。そう語るのはオーナーの茂木啓右さん（53）。豚骨のみにこだわり、丁寧にあく抜きをするなど試作に数年を要した。夜のみの営業だったが、「締めの一杯」としても評判は上々。令和元年には大名進出を果たした。

　その大名店店主、久保徹さん（37）の経歴がおもしろい。もともとは寿司屋で働いていた職人。その後、寿司も出す居酒屋「博多Ｔｅｔｓｕｊｉ」に勤務した。そこの賄いでつくったつけ麺が好評でランチメニュー化した上に、つけ麺専門店「つけ麺Ｔｅｔｓｕｊｉ」をオープン。本格的にラーメンの世界に飛び込み、「月や」に転職している。

久保さんの丁寧な仕事が光る。

ネギ、カボスが別皿で配膳され、チャーシューのみが載ったスープは透明感が強調される。まずは一口。見た目は鶏がら塩ラーメンのようだが、風味は豚。コンソメのようにあっさりとしつつ、豚骨のだしもじんわり感じられる。「見た目と食べたときのギャップを意識した」（茂木さん）というのもうなずけた。途中でカボスを投入して味の変化を楽しめる。

　「罪悪感が少ないから女性、年配の方にも人気」と久保さん。夜の中洲と縁遠かった人たちの需要を満たすなど新たな客層を取り込み、東京進出も果たした。

　清湯豚骨は、乳化しないようにじっくりと炊くことでできる。さまざまな店で提供されるが、清湯ゆえに繊細で味わいが異なるのも面白い。そのつくり方のようにブームもじんわり長く続きそうだ。

ぶたそばつきや　だいみょうてん
福岡市中央区大名2の2の44
マウンテンハウスII−101
☎092-791-1875

低めの温度でじっくりと炊き上げた豚そば(750円)。かぼすを絞ると、酸味で豚骨の甘みとうま味が引き立つ屋台の世界も変える？

炉端屋台 正（福岡市中央区） 博多一双（博多区）

ろばたやたい まさ・はかたいっそう
博多一双 博多駅東本店／
福岡市博多区博多駅東3の1の6
☎092-472-7739

左／山田晶仁さん（右）、章仁さん兄弟の屋台は商業ビル「BiVi福岡」そば。条例で営業主が店に立つ必要があるため休みは多め　右／屋台のラーメンは550円

西鉄福岡（天神）駅から渡辺通を南に行くと屋台の灯りが連なる。その中に、令和5年8月にオープンした「炉端屋台正」はある。のれんをくぐると、店主の山田晶仁さん（37）と弟の章仁さん（33）兄弟が出迎えてくれた。焼き台にはサザエや鶏肉が載り、炭火焼きのいい匂いが漂ってくる。魚介や肉類の炭火焼とラーメンが名物。そしてドリンクを含めたすべてのメニューが550円と分かりやすい。

「昔から『屋台のおやじ』になりたかったんですよ」とは晶仁さん。隣の章仁さんも「お客さんとの距離感が近いのがいい。店舗とは違いますね」と言葉を継ぐ。〝店舗〟とは福岡市の行列ラーメン店「博多一双」のこと。山田兄弟は、福岡市随一といっていい人気店の経営者でもあるのだ。

「高校3年の冬に見たテレビがきっかけです」。晶仁さんはラーメン人生を振り返ってくれた。当時、女手一つで育ててくれた母親が長期入院を余儀なくされ、進路で悩んでいた。「進学も考えてない

し、就職の引き合いもない」。そんなある日、一軒のラーメン屋がテレビで紹介されていた。繁盛していた店主いわく「気合いと根性でなんとかなる」。些細な一言ではあるが、その後の人生を変えることになった。

卒業後、濃厚豚骨で知られる福岡市の人気店に入り、味づくりや接客を基本から学んだ。そして4歳下の弟が高校に上がる頃、こう誘う。「将来一緒にラーメンしよう」。章仁さんに聞くと「即答で『いいよ』でした」。兄弟は小さい頃から仲が良かったといい、「迷いはなかった。兄に付いていって良かった」と話す。

懸命に働き、店長など責任ある立場を任されるようにもなった。独立したのは平成24年。屋号の「博多一双」には「2人で一つ」という意味を込めた。

スタートから売り上げは良かった。惹きつけたのは「豚骨カプチーノ」と呼ばれる泡立ったスープにある（右ページ写真）。「呼び戻し」の手法を使った熟成深めの味わいなのだが、白濁する際に混ぜたり、沸騰させたりして空気を入れていく。そこで形成された「脂泡」がうま味を増幅させる。

パンチのある一杯だけに、ターゲットは20～40代男性と明確にした。「博多に来ないと食べられない」というブランディングも意識し、2号店は中洲、3号店は祇園と支店展開の際も「博多エリア」にこだわっている。関東圏などからの出店相談もあったが「今はその段階ではない」とこれまでは断ってきた。「気合い」と「根性」で飛び込んだというが、話を聞いていると意外に「戦略的」な兄弟だと思う。

他方、博多一双以外では積極性をみせる。コロナ禍の令和3年には、テイクアウトができる町中華「福はこび」を西区姪浜にオープン。そして次なるチャレンジが屋台の出店だった。

一双が「しらふで食べる理想の豚骨」なら、正は「飲んだ締めに食べたい一杯」と差別化もしている。僕も頂いた。白濁スープに細麺が泳ぐ、屋台らしいルックス。頭骨のみを使ったという取り切りスープは熟成もなくあっさり。一方で豚骨感はありつつ、塩味が支えてくれる。コリッとした麺はすすり応えがあった。確かに締めにいい。

福岡市の屋台は転換期にある。平成7年に道路の占有許可が「原則一代限り」とされて以降、屋台数の減少が続いた。そんな中、福岡市は観光資源の一つにしようと平成28年から公募での新規参入を認めるようになった。

正も新規参入組の一つ。「汚い、高い」というイメージを払拭し、「地元の人にも推せる店」を目指す。「屋台は観光資源として魅力的。福岡の力になりたいし、僕らの参入で屋台自体が盛り上がっていけばいい」と晶仁さんは言う。

屋台から店舗化を果たすケースは戦後のラーメン店の王道だった。その逆はあまり聞いたことがない。それでも「場当たり的」ではなく「戦略的」な兄弟のこと。屋台の世界で何らかの変化を起こしてくれそうな気がしている。

製麺職人の勝負スープ
やまみラーメン（福岡市博多区）

やまみらーめん
福岡市博多区堅粕2の20の8の5
☎090-5088-3216

右／スープづくりに休みはない。それでも溝上幸市さんは「苦じゃないです」 左／麺に合うスープでつくったラーメン800円

ラーメン記者なるものを名乗っている都合上、新しい店にはなるべく足を運ぶ。この「やまみラーメン」も平成30年のオープン直後に行った。その時、新店と認識していたが「昭和28年創業　青山製麺所」と看板に書いてあって驚いたのを思い出す。2度目の帰り際に「製麺所はどこに?」と聞くと、大将は「奥ですよ」。そして3度目の今回思い切ってお願いした。取材させてください。

新幹線に在来線、都市高速と国道3号線が交差する街の喧噪の中に店はある。しかし、のれんをくぐると空気はゆったり。カウンター席のみで、大将の溝上幸市さん（64）は注文を受けてから一杯ずつ丁寧につくっていた。

話を聞く前に、ラーメンを頂いた。印象は「豚骨が詰まった」タイプ。元だれに頼らないスープは茶ではなくきれいな白濁色。クリーミーな舌触りは長時間炊いた証しである。どっしりとした豚骨の濃度を感じる一方、くさみは全くない。感想を伝えると「それを狙っているんです」と溝上さん。ちょっと短めでコシのある麺もいい。粘度高めのスープをまといながら胃に吸い込まれていった。

聞けば、溝上さんは40年以上のキャリアを持つ製麺職人という。「自分の麺を自分のスープに合わせたい」と研究し、ラーメンの提供を始めたのが平成30年11月。ちょうど僕が新店と勘違いして訪れた時期はまさにその頃だ。

「青山製麺所を創業したのはおやじです。その前に屋台をやってたようですが…」。昭和20年代後半、父親の幸正さん（故人）は横浜から福岡に移って屋台を始めたらしい。ただ、それ以上のことは分からないという溝上さんは声を張り上げた。「おばちゃ〜ん！」

奥から出てきたのは溝上さんの叔母の原美幸さん（90）だった。今も洗い場と常連さんとのおしゃべりを担当している。

「チャルメラを吹く流しの屋台よ。4台くらいあったかな。横浜時代の引き手も連れてきてね」

横浜から来たとはいえ、豚骨と鶏がらでつくる白濁スープだった。当時は博多ラーメンの黎明期。新しい屋台に味を教えることもあったそうだ。

流しの屋台に加え、美幸さんの夫、徳松さんが福岡市の赤坂門近くで固定の屋台「徳龍軒」を開いた。その頃に幸正さんが創業した製麺所は、実質的に徳松さんと美幸さん、その姉で溝上さんの母スミ子さん（故人）で営んだ。「製麺も屋台もよう売れたよ。でも屋台は大変だから10年ほどで畳みました」と美幸さん。

その後も製麺所の歴史は続いた。徳松さんが亡くなり、後継となったのが溝上さん。継いだのは20歳頃のことだった。

ちなみに「やまみラーメン」は38年前にスミ子さん、美幸さん姉妹で始めた（右ページ写真）。製麺所を現在の場所に移したのを機にカウンターをこしらえ、ラーメンを提供するようにしたのだ。といっても麺を少しでも多くさばくのが目的だった。スープへのこだわりはなく、業務用のものを使っていた。

「還暦が近づいてきて、やっぱり納得できるスープで勝負したかったんです」。青山製麺所で麺づくりを続けていた溝上さんはそう考えるようになった。

ここからが〝新生やまみラーメン〟の始まりとなる。ネットや本で情報収集。徳龍軒の話も聞いた。鶏がらを交ぜたり、野菜や果物を入れたり。試作のスープを何十回捨てたことか。

「『それで出さんね。もったいなか』って何度も言いましたよ」と美幸さんは話す。血抜きなどの下処理に時間をかける。下ゆでした後、さらに骨を洗う。数年かけて完成したくさみのない一杯に、溝上さんは「このスープができてないと店をやっていない」と言い切る。

製麺からスープづくり、接客までこなす。年齢のこともある。決して楽ではないだろうが、2人からは「楽しさ」が伝わってくる。「私は引退するはずだったのに」と笑う美幸さん。溝上さんも「大変だけど、お客さんの『おいしい』がうれしい」。

古くて新しい店には、やりがいを見つけた人の明るさがあった。つくり手のそれは、受け手にも必ず伝わる。

厨房も、歴史も調味料
博多川端どさんこ（福岡市博多区）

はかたかわばたどさんこ

本店／福岡市博多区上川端町4の229

☎092-271-5255

右／特製みそラーメンは850円　左／ラーメンとともに多くのお客さんが頼むのがやきめし（700円）だ。※価格は本店のもの

やきめしの注文が入るとスイッチが入る。「博多川端どさんこ」代表の岩永太郎さん（52）は、独特の前傾姿勢になった。まず卵を入れ、鍋の音に耳を澄ます。ご飯を投入すると「静」から「動」に。リズムを刻むように鍋を振り、具材を入れていく。時折立ち上る炎がその顔を赤く照らす。いつも思う。この姿も調味料の一つなのだと。

普段は本店にいる岩永さんはこの日、別の場所にいた。令和4年6月1日、福岡市中央区天神のソラリアステージ地下にある食堂街「味のタウン」に支店をオープン。初日に合わせて店に立った。ステージのように一段高い厨房は「あえて広くした」と言う。その分客席は減るのだから効率は悪い。それでも「調理の様子を見せたかった。熱感が伝わるから」。

特製みそラーメンとやきめしをつくってもらった。北海道のラーメンとは違う。みそは九州産の2種をブレンド。鶏、豚と野菜のだしに支えられたスープは柔らかく、若干甘めの味わいだ。ひき肉の風味にもやしの食感、縮れ麺との相性もい

い。続いて、やきめしをほおばる。厨房の勢いそのままに熱々。米粒はパラパラで、しっかりした味付けで香ばしい。これを嫌いという人を探す方が難しいのではないかとも思ってしまう。

「ここに出店できて本当によかった」。岩永さんはしみじみと語る。テナントには令和3年1月まで老舗「あま太郎」が入っていた。しかし、コロナの影響で閉店。その場所を受け継ぐ形となった。なぜこの場所に思い入れがあるのか？『どさんこ』と『あま太郎』の創業者は同じなんですよ」

あま太郎は昭和36年、岩永さんの親戚にあたる笠井龍太郎さんが西鉄福岡駅（当時）の「味のタウン」で創業した。その9年後、昭和45年にオープンさせたのがどさんこなのだ。

当時、東京・両国で「どさん子」が開店。瞬く間に全国チェーン展開するなど、みそラーメンブームが起きた。「福岡でも」との考えがあったのだろうが、ブームとまではいかなかった。笠井さんは店を手放し、いとこで店長だった岩永さんの父倫夫さんが引き継いだ。

潮目が変わったのは昭和50年に新幹線が博多までつながってから。まだ豚骨ラーメンが全国で認知されていない時代。福岡に来た出張族が「豚骨以外」を求めて押し寄せるようになったというのだ。

アパレル一筋だった岩永さんが店に入ったのは30歳を過ぎてから。倫夫さんが体調を崩し、継ぐことを決めた。一緒に働けたのは1年ほど。レシピはない。逐一教えてもくれない。「みその調合は、減った調味料の量を計って覚えました」

努力の甲斐あってか、今や博多のみそラーメンの代表格となっている。それでも「同じ味と思ってもらうためにはこっちが変わらんといけん」との父親の教え通り、味の調整は今も続ける。平成28年には博多駅への進出も果たしている。

一方、あま太郎は、天神を本店に置いて長年親しまれてきた。平成4年の福岡駅再開発によって一時休業したものの、平成11年完成のソラリアステージに入居。韓国冷麺を参考にした名物の麺料理「ちんめん」は「天神の味」として定着し、閉店時には多くのファンが別れを惜しんだ（ちんめんの通販は継続中だ）。

令和3年春のこと、岩永さんは知人から空きテナントの話を伝え聞く。アパレル時代から慣れ親しんだ天神に進出したいとの思いもあり、興味を持って連絡をすると「あま太郎」の跡地だった。「まさかです。でも不思議な縁を感じました」

出店を決心した後、真っ先に笠井さんの妻静子さんに連絡した。「同じ場所でやります」。そう伝えると、電話口で静子さんは「コロナで大変だけど、あなたなら大丈夫よ」とエールをもらった。

「われわれのルーツ『あま太郎』が営業していた。やっぱり特別な場所。龍太郎さんから受け継いだ歴史をここから伝えていきたいです」

福岡、博多の街でそれぞれ歩んできた二つの店が、半世紀以上を経て交差した。そんな歴史もまた調味料になる。

窮地を救った豚骨

鶏専門　麺屋蓮々（福岡市博多区）

「鶏専門　麺屋蓮々」は令和2年3月に福岡県宗像市から移ってきた。移転前は、豚骨と鶏がら二本柱の店だったが、新しい物件は「においの出る豚骨はダメ」。だから看板に「鶏専門」を掲げた。

移転直後に僕も鶏塩ラーメンを食べた。あっさりとした、透明感あふれる鶏だしスープ。鶏がらにしては細いとも思える麺だけれど、スルっと収まる、素晴らしい一杯だった。店主の加治屋丈広さん（56）に聞くと、豚骨も出せる場所を探しなおすという選択肢もあった。それでも「この立地が気に入ったし、鶏がらラーメンに自信があったから」。その言葉通り、オープン直後は、売り上げも好調。豚骨を捨てる決心もついていた。

ラーメン人生の始まりは豚骨だった。35歳でラーメンの世界に飛び込んだ。修業先は博多、福岡を代表する豚骨の老舗ばかり。2軒で計9年学んだ後の平成24年、妻の地元である宗像で「博多豚骨　麺屋蓮々」を開いた。経営は順調で常連客に恵まれた。最初は豚骨のみだったが、鶏がらにも挑戦して人気メニューになっていた。

移転を考えたのは独立して6年が過ぎた頃。生まれ育った福岡市で勝負してみたかった。探し回った末に見つけたのが今の物件。駅近で交通量も多い。一人で回せるコンパクトさもぴったりだった。

「博多豚骨」から「鶏専門」に屋号を変え、最高のスタートを切った、かにみえた。しかし、コロナで状況は一変する。オープン直後の4月に入っての緊急事態宣言のインパクトは容赦なかった。

どの飲食店もそうだったが、加治屋さんの店も例外ではなく売り上げは激減した。途方に暮れていたところ、大家から声をかけられた。「厳しいでしょ。昔豚骨やっていたのならやってもいいよ」。

家賃交渉を考えていたほど追い詰められていた加治屋さんにとって願ってもない言葉だった。

さっそく豚骨をメニューに加えた。宗像には豚骨用コンロが三つあったが、新店舗には一つ。濃度の調整など以前と同じようにできないもどかしさはあるものの、手応えを感じている。

「宗像から豚骨を食べに来てくれた方もいる。あくまで鶏がメインだけれど、豚骨が出せるのはありがたい」

豚骨ラーメンも頂いた。白濁スープは野性味をほのかに感じさせつつ、ふんわりとだしが広がるタイプ。少し歯ごたえを残した細麺が合わないわけがない。

コロナ禍の社会では、人と人との距離が要求された。そんな状況でも、人と人との心は近づくことが可能であり、心のやりとりで社会は成り立つ。復活した豚骨は、そのことを物語っている。

とりせんもん　めんやれんれん
福岡市博多区吉塚本町4の12
☎090-8228-4678

あくまでメインは鶏塩ラーメン（700円）。より濃厚な鶏白湯も美味。今も限定で豚骨ラーメン（写真、700円）を提供している

九州唯一の直系の味
ラーメン内田家（福岡市博多区）

らーめんうちだや
福岡市博多区博多駅前3の9の12
☎092-292-3005

右／ラーメンは900円。濃い味にライス（150円）は必須　左／「家系の聖地を経験できたのは財産」と語る内田陽介さん

　妻には内緒である。食券を渡す際「味濃いめ、油多め、麺やわめ」と好みを告げた。健康が気になる40代半ばにとっては禁断のオーダーである。大判の海苔3枚、ほうれん草に燻した叉焼が載る。醤油が立った豚骨、鶏がらスープからはほのかな獣臭、そして鶏油《チーユ》の香りが追い掛けてくる。もっちりした中太麺は食べ応え十分。途中、セットの白米をスープに浸した海苔で巻いてパクリといく。ああ、満腹。

　JR博多駅近くにある「ラーメン内田家」は横浜発祥の「家系ラーメン」を提供する。宮崎市出身の大将、内田陽介さん（45）が令和2年4月にオープンした。なぜ家系を？　最初に投げ掛けた質問の答えは「好き過ぎるから」。振り返ってもらうと、確かにラーメン人生は家系一色だった。

　出合いはひょんなことから。23歳の頃にキャナルシティ博多のラーメンスタジアムでバイトを始めた。勤務先は北海道ラーメン店。その隣が家系を出す「六角家」だった。「初めての味。本当においいしくて」。好きが高じて職場まで変えてしまったというからすごい。

店が福岡から撤退するまで5年ほど働いた。平成21年には六角家の先輩が立ち上げた店に入るために上京。その3年後に海外への出店話が転がり込んだ。出資者を得てタイ・バンコクで「内田家」を開業し、豚骨ブームも手伝って軌道に乗せて人気店にした。

順調なキャリアではあるが、満足はしなかった。「発祥の店で『本物の家系』を学び、福岡に凱旋したかったんです」

発祥店とは横浜市にある「家系総本山吉村家」のこと。令和2年2月、内田さんはその門を叩いた。


「取材?午前2時以降に来なよ。朝までいるからよ」。吉村家に取材を申し込むと、創業者吉村実さん(75)の威勢の良い声が電話口から返ってきた。

数日後の午前5時、横浜駅近くの店を訪ねた。1日千杯は売るという吉村さんは仕込みの真っ最中(右ページ写真)。質問を始めると「仕事になんねえよ」と言いつつ、歴史を振り返ってくれた。

中学卒業後、大工などさまざまな仕事を経験した。20代で独立を思い立ち、醤油豚骨で知られた「ラーメンショップ」(東京)でつくり方を習った。鶏油を入れるなど独自のアレンジを加え、昭和49年に創業した。

モットーは「お客様は我が味の師なり」。客の意見を聞きながら、徐々に今の味に近づけていった。味の濃さ、油の量、麺のゆで具合を聞く方式もこの頃に考案。「金がかからないサービスだろ、お客さんも喜ぶから」と笑ってみせる。

テレビで取り上げられ、平成になる頃には有名店に。輩出した弟子たちが「〇〇家」とのれんを掲げ、いつしか「家系」というジャンルができあがっていた。

内田さんはこの未明の厨房で「本物の家系」を習った。「あいつは基礎は分かってたから、コツを教えただけ」と吉村さんは弟子を評す。一方の内田さんは「食材すべてに対する向き合い方が違う。僕の家系は何だったのだろうとすべて覆された」と振り返る。

修業後、「直系」を名乗ることを許された。吉村さんには数多くの弟子がいるが直系店は極めて少ない。内田家は7店舗目。九州では初めてとなる。

オープンの翌日に緊急事態宣言が出された。それでも客足は良かった。吉村家と同じ醤油を使い、麺は空輸する。直系の「吸引力」を実感した。

2度目の緊急事態宣言時には福岡市博多区の国道3号沿いに2店目を出した。直系と掲げられるのは1軒のみ。新店舗では、九州の醤油を使い、麺は地元の製麺所に頼んだ。また、令和5年には、別アプローチの豚骨醤油を出す「博多豚骨醤油らーめんウチダヤ」も博多駅そばに開店。「家系の文化と伝統を守りつつ、自分なりに広げていきたい」と、内田さんはさらなる展開をもくろんでいる。

「真面目だし良いんじゃない。最後はハートだからな」。吉村さんは九州のまな弟子をこう評していた。ぶっきらぼうにも聞こえるが、裏に優しさを感じる師匠である。

麺は「ずんだれ」で
魁龍（福岡市博多区）

かいりゅう
福岡市博多区東那珂2の4の31
☎092-483-4800

右／五右衛門釜で炊いたスープをかき混ぜる森山日出一さん　左／見た目からいかにも濃厚そうなラーメン（800円）

バリカタ！　カタメン！　福岡のラーメン屋で、そんなかけ声が飛び交う風景によく出くわす。店が思うベストは普通麺では？　小麦粉はちゃんとゆでたほうがおいしいでしょ！　好みといえばそれまでだが、あまり理解されないもどかしさをいつも感じている。福岡市博多区の「魁龍」は、そんな僕のような少数派の溜飲を下げてくれる店である。

「よかったら『ずんだれ』食べてみてください」。店に伺うと大将の森山日出一さん（64）がいつものように客に声をかけていた。「ずんだれ」とは「やわ麺」のこと。客が迷っていると、さらに畳みかける。「伸びた麺と違います。一番おいしい状態ですよ」。ここまで伝えればなびく客も多い。この押しの強さ。なかなかできることではない。

こだわりの理由を聞くと「うま味が違う。しかもうちは久留米ラーメンよ」。

魁龍は平成4年に北九州で創業し、平成13年に博多に進出している。なのに、なぜ久留米ラーメン？　説明するにはさらに時代を遡らないといけない。

森山さんの父、定男さんは、福岡県久留米市にあった「幸陽軒」（現在の丸幸ラーメンセンター）で昭和27年の創業時から厨房にいた。その後は屋台「珍宝軒」を経営。ただ、森山さんはラーメン職人としての父親を知らない。というのも森山さんの母との結婚条件に「ラーメン稼業をやめること」があったからだ。

サラリーマンとなった父の元、久留米で育ち、北九州に移った。ただ、どこかでかつての父へのあこがれがあったのだろう。高校卒業後は、飲食の道へ。25歳で独立すると経営の才覚を発揮し、一時は北九州でショーパブなど15軒を営んだ。

成功を収めたものの、家庭を顧みない生活に嫌気が差していた。30歳すぎで人生をやり直そうと決意。選んだのが「一番好きな食べ物」のラーメンだった。

思い描いたのは子どもの頃食べていた久留米の味だった。定男さんのつてでつくり方を習った。時折、父が見に来る。しかし森山さんは「俺のラーメン」と意地を張る。毎回けんかになるが、「帰った後、アドバイスに従うと確かに良くなるんです」。定男さんは息子の再出発を見届けるように創業の3カ月後に亡くなった。「おやじのおかげでラーメンがある」。だから久留米にこだわるのだ。

スープを継ぎ足す久留米の「呼び戻し」製法でつくる濃厚ラーメンは人気を呼び、博多進出と同時に新横浜ラーメン博物館にも出店した。「関東で久留米ラーメンじゃインパクトがない」と生まれたのが「どトンコツ」というキャッチコピーだった。

一時は多店舗展開した時期もあった。しかし「このスープは手間暇かかるから、目が届かなくなる」。十数年前に北九州の創業店を弟に譲り、今は博多本店のみに注力する。「ラー博まで行ってもったいないと言われる。でもそれが僕の性分。商売人にはなれない。職人だから」

最後にラーメンを注文した。勿論「ずんだれ」で。

茶褐色のスープはかなりの濃度。もっちりとゆでられた麺はしなやかでどトンコツとよく合う。まさに「柔よく剛を制す」を体現するかのような一杯だった。

新しい焼酎の飲み方 長浜御殿（福岡市博多区）

上／メニュー札に、赤いのれん。まさにお手本のような内観である　下／阪急やオリックスグッズに囲まれる上木政章さん

ながはまごてん
住吉店／福岡市博多区美野島1の4の24
☎092-473-7928

ラーメンは一杯590円。ラーメンのスープで炊いたという豚足も名物料理の一つなのでぜひ味わってもらいたい

「ラーメンを食べると脂が口元に残るでしょ。それをぬぐうために焼酎を飲んでたねえ」。こういうエピソードを聞くと、「取材して良かった」とうれしくなる。福岡市で「長浜御殿」を展開する上木政章さん（76）の屋台時代の話。昭和46年の創業時、ラーメン90円に対し、焼酎はコップ一杯70円だった。安くなかったのだろう。コップ半分35円という裏メニューが人気だったそうだ。

上木さんは、コップ半分を注文した客にグラスを渡し、一升瓶をその縁に付けながら傾ける。焼酎のかさは増し、コップの真ん中まで上がっていく。「その瞬間、お客がコップを下に引くんよ」。支えを失った一升瓶はぐらつき、コップに焼酎が流れ込む。客はグラス半分以上になった焼酎をうまそうに飲む。〝飲んべえの悪知恵〟も楽しい思い出という。

御殿は、阪急（オリックス）の帽子をかぶった小学生に、ラーメン1杯120円で提供することでも知られる。その縁も屋台時代からだという。

当時、道沿いには元祖長浜屋、しばらく、一心亭、昇龍軒（後のナンバーワン）など長浜を代表する屋台が並び、早朝までにぎわった。「そこに阪急ブレーブスの選手たちがくるようになったんですよ」と上木さんは言う。地元ライオンズは、西鉄が太平洋クラブに身売りするなど低迷。一方、阪急は常勝軍団だった。

平和台球場も宿舎も近く、阪急の選手たちは遠征のたびに通ってくれた。上木さんたちが球場で応援すると、試合後に中洲でごちそうになった。「お返しがしたい。そのために店を増やそうってね」。昭和51年の長尾店開業を皮切りに、堤、住吉、荒江と毎年1軒ずつ新店を構えた。

上木さんはもともとは中華料理チェーン勤務のサラリーマンだった。24歳の頃、独立前の修業として中洲の割烹に行ったが、話がうまく通っておらず門前払いを食らう。その足で屋台を7軒回って、売りに出ている屋台がないか聞き込み、たどり着いたのが長浜だった。周りの先輩たちから学び味を確立。経営は順調で住吉店を出した頃には屋台は畳んでいる。

店舗になっても、阪急の選手は変わらず来てくれた。阪急帽子の小学生にラーメンを値引きする企画を始めたのもこの頃だ。価格は仲が良かった大熊忠義さん（80）の背番号「12」にちなんでいる。

時が経ち、ライオンズは福岡から去り、ホークスとなった。阪急はオリックスになり、近鉄と合併した。それでも上木さんの〝阪急推し〟は続き、小学生向けの特別価格も変わらない。「成績とか関係ない。ファンというより贔屓ですよ」

現在福岡市内に4店。僕の行きつけは住吉店であるが、使い方はさまざまだ。子どもと一緒に行く時もあれば、夜に締めの一杯をすすることもある。おでん、豚足を食べながら酒にはしり、ラーメンまでたどり着かないことも。それでも満足するのは、贔屓ゆえなのだろうか。

最後にラーメンを頂いた。クリーミーな白濁スープ。見た目ほど濃厚ではないが、「おとなしい」とも違う。豚骨のだしを元だれが支え、野性味も十分。スープに馴染んだ麺をずずっといった。

気付けば丼は空に。僕も焼酎で口元の脂をぬぐってみたくなった。

札幌発、博多の味

えぞっ子本店（福岡市博多区）

えぞっこ　ほんてん
福岡市博多区西月隈5の12の56
☎092-286-1966

右／みそラーメンのほか、しお、しょうゆなども提供する。いずれも730円　左／アパレル業界からラーメン業界へ48歳で転身した清武信雄さん味噌ラーメンの楽しみは注文した瞬間から始まっている。福岡市博多区にある「えぞっ子本店」。店主の清武信雄さん(65)は注文を受け、すぐに厨房の中華鍋に火をかけた。強火で熱して脂、もやし、味噌だれを投入。鍋を振るとカウンターまで香ばしい匂いが立ち上る。まずは鼻で味わえるのだ。

着丼すると次は舌で。豚骨、鶏がら、さば節でとったスープは適度な脂分で優しい口当たり。太すぎない卵麺との相性も良い。純すみ系の濃厚な味噌ラーメンとは一線を画す。昔の味噌ラーメンってこんな感じだったのかもと思う。

「創業者の一人である岩本清蔵さんが『味の三平』で習ってきたんです」

三平は終戦直後に札幌の屋台街で誕生し、味噌ラーメンの発祥の店として知られる。札幌のタウン誌を主宰した富岡木之介が著した「さっぽろラーメン物語」(昭和52年刊)には、豚汁を出していたところ、酔客に「この中に麺を入れて」と言われたのが始まりと書かれている(三平の現店主は否定しているので真偽のほどは分からないが…)。同書は続ける。昭和30年代後半に味噌ラーメンとしてメニュー化されると人気となり、東京や大阪の物産展でも紹介。「札幌=味噌」という図式ができあがった、と。

その味噌ラーメンに惚れ込んだのが岩本さんだった。札幌に長期出張していた岩本さんは三平に足繁く通って初代店主からレシピを聞き出した。福岡に戻ると2人の知人に商売を持ちかける。その相手が清武さんの叔父でアパレル関係の会社を経営していた川上利明さんであり、清武さんの父、寿さんであった。

昭和42年、3人は博多駅前に「えぞっ子」を立ち上げる。全員素人。レシピを元に料理人を雇い入れてラーメンをつくり上げた。珍しさゆえだろうか。十数坪の店内で1日千杯近く売った。福岡市東区の箱崎ふ頭に土地を確保し、数年後に本店を移転。フランチャイズも急拡大して「えぞっ子」の名は広がった。

清武さんが関わり始めたのは、移転から30年がたった頃のこと。「路上駐車が厳しくなり客足が落ちていた。建物も古くなった。そんな時『継がないか』と相談されたんです」。それまではアパレル一筋の人生で、当時は自分の店を持っていた。一方、ファストファッションが売れ始め、業界に限界も感じていた。

48歳で新たな人生を踏み出す。箱崎で修業後の平成24年、現在の場所に移ってのれんを継いだ。「包丁すら握ったことがない」と言うが今は料理人の顔。店を切り盛りする傍ら、福岡、佐賀、長崎のフランチャイズ店に卸す材料もつくる。

豚骨が主流の九州において、味噌は往々にして苦戦する。北海道から来た本場の店も多くが撤退した。そんな中で長く親しまれてきたのには理由がある。三平のレシピを基本にしつつ、使う醤油、味噌、麺はすべて九州のもの。昔ながらの味噌ラーメンを地元の舌に合うようアレンジしてきたのだ。

実際、箱崎時代は看板に「札幌」と記していたが、今は外した。「博多の味噌ラーメンですから」と清武さん。土地に馴染みながら変化していく。それもラーメンの魅力である。

多彩な魅力の沼がある 中華そばかなで　煮干編（福岡市東区）

２号店で朝ラーの準備に追われる松尾龍太郎さん。この日は「白菜のしょうゆそば」。大阪・神座のインスパイアだ（68ページ写真）

ラーメン店主といえば〝職人〟という言葉が似合う。一つのことを究めるイメージがあるからだろうか。ただ松尾龍太郎さん（46）はちょっと違う。タイプの異なる店を経営し、看板メニューだけに飽き足らず、新たな一杯を次々につくり出す。「ラーメンという料理がやりたい」。そう語る松尾さんは自身のことを〝料理人〟と呼ぶ。

佐賀県生まれ。上京し、広告代理店勤務を経て飛び込んだのがラーメンの世界だった。「お客さんが目の前で喜び、不満も言われる」。そんなリアルさにはまった。

独立したのは平成23年。九州に戻って「かなで食堂」（福岡県春日市）を開業する。出したのは豚骨ラーメン。とはいえ「歴史がある店とは勝負できない」とも考えた。差別化の一つが「濃厚さの追求」だった。濃さは脂や塩気でも表現できる。しかし松尾さんは骨の量にこだわった。濃度があるけれど「くどい」とは違う。キレのある一杯は、老舗が引っ張る豚骨界に新風を吹かせた。

その勢いのまま4年目に福岡市へ。普通なら1号店を踏襲するが、そうはしなかったのが松尾さんらしい。2号店「中華そばかなで」（福岡市博多区）では、鶏がらをメインにエビや貝などの魚介を使う中華そばで勝負した。じんわりとした柔らかな味わい。しなやかでありつつ歯ごたえがある自家製麺も心地よい。こちらも多くのファンを惹きつけた。

それでも松尾さんは変わり続ける。2号店で火曜日だった定休日を返上。「鶏白湯そば　まつ尾」という店名で営業を始めた。ブレンダーで泡立てたスープ。泡の下は白濁するまで煮立てた濃厚な鶏のだしがあり、そこに魚介の風味が合わさる。目にも舌にもおいしいメニューだ。豚、鶏とくれば次は煮干しとくる。令和4年には福岡市東区に3号店「中華そばかなで　煮干編」を出店。淡麗スープから新潟の「燕三条背脂煮干そば」のインスパイアまで手がけている。

さらに最近は2号店で土日限定の「朝ラー」をスタートさせた。週替わりで創作麺を提供すると、朝6時開店にもかかわらず客の入りも上々。楽しみに毎週来る人もいて「やめるにやめられない」状況だという。

「一つのことをずっとやり続けるのは性に合わない。新しいことをやると自分も、社員もわくわくする」

近年、すべての店舗のすべてのラーメンでうま味調味料の使用をやめた。期間限定メニューも次々に創作している。

多彩な選択肢とは魅力的なようで、ひとつひとつが弱くなりかねない。ただ、松尾さんのラーメンはそうならない。気付けば「かなで」の沼にはまっているはずだ。

「料理」を辞書で引いてみる。広辞苑には「はかりおさめること」とある。「どれ位の温度でどれ位の時間かけると一番良くだしが出るかと考える。勘とかでなく僕は理屈っぽいですよ」。そう、やはり松尾さんは料理人なのだ。

ちゅうかそばかなで　にぼしへん
福岡市東区多の津4の8の7
☎092-402-2872

社員旅行はラーメンの食べ歩きだという。新潟のご当地麺をイメージした「燕三条背脂煮干そば」は900円

素朴であきない味
一楽ラーメン（福岡市東区）

いちらくらーめん
松島店／福岡市東区松島3の22の43
☎092-623-5358

右／中村輝光さんはスープ場にもカメラを常備　左／ラーメン（写真、680円）とみそラーメン（800円）が二大メニューだ

一度仕えた師匠のアドバイスというものは、たとえ職が変われども、心のどこかに刻まれている。「一楽ラーメン」（名島本店、福岡市東区）の創業者、中村輝光さんにとっての人生の格言は「見て覚えろ、聞いて覚えろ、やって覚えろ」だという。創業前、写真スタジオで丁稚奉公をしていた頃の師匠の教えである。

一楽は、福岡市を中心に4店を展開する。中村さんは80歳になった。それでも「人任せにしきらん性格やから」と今でも松島店に立つ。朝のスープづくりから始まり、営業中は厨房にも入っている。

かつて身をささげた写真は趣味になった。休みの日には決まってカメラを片手に風景撮影へ赴く。「出かける日にかぎって雨が降るんですがね」と笑う。

写真との出合いは16歳の頃。高校を辞めて写真館に飛び込んだ。師匠はカメラマンの渡辺巌さん。九州の写真家らでつくる「九州写真師会連盟」の記念誌「栄光70年の歩み」（昭和47年）をひもとくと、渡辺さんは連盟の5代目文化部長を務めていた。そのポストは疋田晴久、片山摂三ら著名な写真家が就任した要職である。

住み込みでの修業の日々を送ることになるのだが、初日のことは今でも覚えている。朝4時に起きて、渡辺さんの前に立った。あいさつもそこそこに師匠は作業に入るという。引き延ばし、現像…。「その間、一切しゃべらない。ずっと見ているだけよ」

厳しいけれど、やりがいがあった。そんな生活を続けるうちに、分からないことは聞けるようになり、「やって覚える」をさせてもらえるようになった。昭和40年には独立し、自身のスタジオを構えた。学校行事、結婚式の撮影など仕事はまずまずのスタートを切った。「でもね」と中村さん。雨が降るとキャンセルになることも多く、それが歯がゆかった。そこで「雨でも儲かる」と目をつけたのが、飲食の世界だった。

写真館と掛け持ちで福岡市内の食堂を買い取った。ただ一筋縄にはいかない。オープン初日、味を教えてくれるはずの元オーナーが来なかったのだ。「騙された」と気付いたところで、客はやって来る。「いつものちょうだい」と注文されたのは「ホルモン定食」。さすがに無理だと「ニラとじ」を出したのは苦い思い出だ。

食堂のメニューにはラーメンもあった。出入りの肉屋さんにラーメンのつくり方を尋ねると「寸胴に水と骨ば入れて火にかけたらできる」と一言。その言葉だけを頼りに我流でつくりはじめ、次第にはまっていった。「面倒くさがりやだからね」と、定食類はやめて、ラーメンのみに絞った。徐々に写真からも遠のき、スタジオも譲った。そして昭和45年、九州産業大学（九産大）前に「一楽ラーメン」を開く。

写真の修業時代、師匠の渡辺さんは九産大で教え、授業について行ったこともある。偶然ではあるが、創業の地は思い出の場所とも重なった。

「聞くより、食べんですか」と、中村さんは一杯をつくってくれた。羽釜で長時間炊かれたスープは、豚骨のだしが感じられつつ、くどくない。「余計なものを一切入れていないからでしょう」。かつては野菜、果物なども試した。でも今は豚骨のみで、脂も加えていない。素朴であきないタイプ。多くの人に愛されるのがよく分かる。

この味はすべて独学でつくりあげてきたという。ほかの店に行って厨房内をじっくり観察した。今だから打ち明けられるというが、店先のごみを確認したこともある。自分の店に戻ると、実際につくってみる。寝る間を惜しんで試行錯誤を重ねた。人気メニューの一つである「みそラーメン」（右ページ写真）もそう。福岡にみそラーメンが入ってきた昭和40年代、人気店を食べ歩いてつくり上げた豚骨ベースの一杯だ。「すり鉢で提供するのはうちが発祥と思いますよ」

現在は息子や娘たちが中心となって店を回している。「下の世代に伝えていかんといけん」と自分の役割も分かっているつもりだ。

「見て覚えろ、聞いて覚えろ、やって覚えろ」。中村さんは現場に立つことで、その言葉を伝えている。

花山（福岡市東区）

今でも「屋台」なのだ

はなやま
福岡市東区箱崎1の44の17
☎090-3320-3293

右／ラーメンは700円　左／今は息子で３代目の真一郎さん（右）とともに切り盛りする花田博之さん

筥崎宮の参道にあった「花山」は、昭和28年創業の名物屋台だった。「だった」と書いたのは、老朽化により、平成30年の夏限りで屋台での営業を断念したからだ。ただ、なくなったわけではない。隣接地に常設の店舗を構えて新しい一歩を踏み出している。

「苦渋の決断でしたよ」。2代目の花田博之さん（68）は言う。屋台を新調することも考えたが、現実的でなかった。なぜなら、ここの屋台は一般的な屋台3台分ほどの大きさがあるためだ。毎日の設置・撤収に計5時間かかっており、負担は限界だった。

屋台営業は諦める。ただ、筥崎宮という場所にはこだわりたい。そんな思いで、土地を所有する筥崎宮に相談すると隣接地を貸してもらえることになった。店舗化に際して、往時の雰囲気をできるだけ残した。建物自体も屋台風。格子戸は再利用し、店内には屋台を丸ごと運び入れるなど工夫を凝らした。

屋台は「家族げんか」がきっかけで始まった。創業したのは花田さんの父、眞夫さん。魚屋を営む花田家に婿養子として入った眞夫さんはある日、義母とけんかして家を飛び出した。生活費を稼ぐため、今とは少し離れた参道沿いに屋台を出す。手打ちうどんや市場で仕入れた魚の天ぷらですぐに人気となった。半年後、家に戻る際、義母に「屋台の方が儲かるので続けて」と逆提案されたほど売れていたという。

2年後、今の場所への移転を機にラーメン屋台に変えている。「見よう見まねで参考にした」のは箱崎にあった博多ラーメン源流の店「赤のれん」だった。

働く母親におんぶされ、ミカン箱で寝かされた。屋台で育った花田さんは高校卒業後、当然のように店を継いだ。

「当時は7軒ほど屋台が並んでたよ」と振り返る。そんな賑わいの一方、後継者がおらず屋台を手放す人も多かった。昭和56年に1台を引き継いだ。平成になる頃にもう1台分の権利を譲り受け、靴を脱ぐ座敷屋台を増設した。「従業員の休憩スペースだったけどお客さんに取られました」と笑う。花山が通常の屋台3台分の広さがあるのはこのためだ。

味も改良してきた。うま味調味料をやめた。代わりに豚骨の濃度を上げ、昆布、鰹の和だしも加えた。「後味すっきりよ」と頂いた一杯。茶色がかったスープは濃厚そうだが、優しく素朴な味わいで後味もすっきりしている。若干太めで、コシがある麺もスープとよく絡む。

食べ進めていると客とのやりとりが聞こえてきた。大将いわく「若いのになんで小ラーメン?なんか食うてきたと」。「キミスイ（映画「君の膵臓をたべたい」）にここが出てたので」と若者が言うと「君で千人目ばい」と返し、笑い声が響く。

そう。花山にいると屋台とは店舗形態のことだけを指すのではない気がしてくる。空間、雰囲気も含めた言葉なのだと。変わりゆくさみしさは当然ある。でも、花山は今も「屋台」なのだ。

くさ〜いが心地いい
駒や（福岡市東区）

福岡のほかのラーメン店とコラボするなど倉田承司さんは、福岡のラーメン界の盛り上げ役の一人である

こまや
福岡市東区馬出2の5の7
☎092-292-9480

くさいで人気のラーメンは750円。替え玉は赤のれんや博龍軒を意識した平打ち麺も用意している昔、福岡で松任谷由実のコンサートに行った時のこと、ユーミンが「博多ラーメンのにおいが苦手」と話していた。中学生だった僕はその言葉に賛同できなかったけれど、当時は街にもっと豚骨臭が漂っていたようにも思う。

あれから30年以上が過ぎた。世の中は無臭化していくばかりだが、時代に抗うような店が最近話題となっている。福岡・馬出にある「駒や」は「くっさいラーメン」を掲げて人気を集めている。

一帯は多くの老舗を育んできたラーメンの聖地といえる。戦後間もない頃、博多で屋台を引いていた山平進さんと津田茂さんがそれぞれ馬出に「博龍軒」、箱崎に「赤のれん」を構えた。昭和35年頃に河原登さんが早良区で始めた「扇屋」は、その後「だるま」に屋号を変えて箱崎に移転。誰もが知る人気店となった。

「その3軒が僕にとってのソウルフードなんです」。馬出育ちの店主、倉田承司さん（46）のそばにはいつもラーメンがあった。

一時期、古里を離れていたものの平成27年に戻り、鉄板焼き居酒屋「一銭洋食駒や」をこの場所で始めた。地元客が多く、ラーメンの話になることもしばしば。平成30年の夏のある日、常連客が嘆いた。

「昔ながらのくさいラーメンがなくなったね」。同じ思いを抱いていた倉田さんはすぐさま返した。「俺がつくりますよ」。もちろん勢いである。

当然、簡単にはいかなかった。居酒屋営業が終わって試作を繰り返す。火力、時間、骨の混ぜ方、鍋の蓋の開け閉め。沸騰する音にも耳をすました。ようやく納得できる「くささ」にたどり着いたのは2カ月後。「豚200頭は無駄にした」という味はすぐに評判を呼んだ。

一からすべてつくりあげたようだが、記憶に刻まれた別の味もある。倉田さんの高祖母こまつさんは昭和の初め頃、馬出でうどん食堂「こまや」を営んでいた。支那そばの流行を受け、あごだしスープにちゃんぽん麺を入れた「こまやラーメン」を考案して提供。その味は代々伝わり、倉田家の食卓にも載っていた。ラーメンの老舗を多く育んだ土地の味、家に代々伝わる味…。意図せずとも、倉田さんの一杯に必ず影響を与えているはずだ。

ちょうど平成から令和に変わった頃に、居酒屋をやめ、ラーメン専門店として再出発した。7席のカウンターのみに改装。一日中鍋の横で過ごし、スープのみに集中できるようになった。この味を求めていた人も少なくなかったのだろう。箱崎にも店を出し、令和6年には福岡県宇美町にも進出を果たしている。

渾身の一杯は、脂が浮いた褐色スープで見るからに濃厚そう。強火で炊いたように見えるが、実は小さい火でじっくりと煮だしているという。だからだろう。とろみはなく、さらりとした口当たり。そして豚骨のだしが一気に華開く。

スープを飲み込んだ後、鼻でもう一度味わった。野性味を含んだ豚骨臭が抜けていく。確かに豚骨くさい。ただそれは酸味のあるものではなく、心地良いくささだった。

食べながら冒頭のユーミンの話を思い出す。頭の中でリフレインするその言葉にはやっぱり今も賛同できない。

変わる街で変わらない
味一番（福岡市早良区）

あじいちばん
福岡市早良区高取1の4の1
☎092-823-0134

右／2代目として店を切り盛りする畔地貴之さん　左／ラーメンは700円。僕は途中で辛子高菜を入れて食べる

「今日はもやしラーメン?」。カウンターの常連客に畔地由美子さん(73)が声をかける。うなずく客に2代目店主で息子の貴之さん(46)が言う。「野菜もとらんといかんけんね」。何気ない会話で店内は温かい笑い声に包まれた。

「味一番」の立地は、地下鉄の西新駅から藤崎駅へと続く商店街を一歩入ったところ。店構え、佇まいには懐かしさが横溢していた。今となっては、この地にすっかり馴染んでいるが、以前は別の場所にあった。

　創業は昭和48年。西新にあったデパート「ニチイ」の開業にあわせ、その地下食堂街に入居した。当初の経営者は、北九州の戸畑で中華料理屋を営んでいた親戚だった。オープンに際し、中華の料理人をしていた由美子さんの夫である博文さんが指導役として呼ばれたが、店主となるはずだった人物が辞めたため、博文さんが急きょ店ごと買い取ることになったのだ。

　この頃の食堂街は、畔地家にとって特別な場所だった。開業の1年後、博文さんは食堂街の別の店で働いていた由美子さんと結婚した。貴之さんは、店の周りで遊び、学校帰りには父親の一杯をすすった。

　ただ時代は進む。周辺にスーパー、西新岩田屋が開業し、競争は激化した。地下鉄が通ると、天神へ客が流れた。売り上げ不振が続いたニチイは平成2年に閉店。西新ビブレとして生まれ変わると同時に、味一番も移転を余儀なくされた。

　新天地は厨房が狭いため、それまでやっていたチャーハンなどはやめてラーメンのみに絞った。かつての客に分かるように屋号を「ニチイのラーメン屋　味一番」としたが、由美子さんは「甘かったですね」。半年くらいスープを捨てる日々が続き、「西南大の前で、2人でビラ配りをしたこともありました」。

　それでも新しい客を獲得し、街のラーメン屋さんとして親しまれてきた。しかし、平成27年に博文さんが病気で倒れてしまう。共に厨房に立ってきた貴之さんは「一人となると訳が違う」と思い悩んだが、跡を継ぐ決意をした。

　同じ材料、つくり方でも何かが違う。そんな時、意見をくれたのは常連客であり、仕入れ先の麺屋や肉屋だった。その甲斐あってか「最近ようやく安定してきた」。2代目の自負もあるのだろう。今は店名から「ニチイのラーメン屋」を外している。

　豚骨や鶏がらで炊いたスープはあっさりで、博文さん時代からの香味油がアクセント。歯ごたえを残した麺を半分すすって高菜を投入する。スープにコクが出てこれがまたおいしい。近年の見栄えやインパクトを狙ったラーメンと比べると、この一杯は「普通」に感じるかもしれない。これは決して悪いことではない。

　今やビブレもなくなった。岩田屋跡地にはタワーマンションがそびえる。変わりゆく街で「普通」であり続けるのは難しく、貴重であるから。

身近にあってこそ豚骨
冨ちゃんラーメン（福岡市早良区）

今日も「あの味」を目指して厨房に入る中冨創さん。既につくり出す一杯は「冨ちゃんの味」ではあるが

とみちゃんらーめん
福岡市早良区飯倉4の1の38
☎092-865-7231

ラーメン（650円）はスープがいっぱい入るタイプの丼で提供される。これで替え玉（100円）も存分に楽しめる豚骨ラーメンが生活のすぐそばにある。「富ちゃんラーメン」に来るとそう思う。カウンターの一人客がいれば、テーブルを囲む家族がいる。彼ら彼女らに特別なものを食べているという意識は多分ない。おいしそうにすすり、替え玉をする。店名の「ちゃん」が示すような、親しみやすい日常の一杯がそこにある。

「私自身がラーメン好きだから」。店主の中冨創さん（56）はそう話す。きっかけとなった店は、小学生の時に友人と行った「ふくちゃんラーメン」だ。昭和50年に福岡市早良区百道で創業し、今は同区田隈で営業する店は福岡の「ちゃん系ラーメン」の源流である。

はまって以来、ずっと通ってきた。中学生時代はあまりのおいしさに替え玉を9回したことも。「店の壁に記録が張り出されていました」と笑う。高校生になっても、卒業しても、結婚しても、変わらずに食べ続けた。

と、ここまではラーメン好きの青年の話だが、人生は思いもよらない展開をみせるものだ。転機は書店で働いていた27歳の頃。いつものように大好きな一杯を食べていると、ふくちゃんの先代、榊順伸さん（故人）から声をかけられた。

「兄ちゃん、手伝ってくれんね」

榊さんの妻の体調が悪くなり、人手が必要という。仕事に悩んでいた中冨さんは心動かされた。「どうせやるならいずれは独立したい」。でも実際に働くとカウンターのこちら側と向こう側は全く違った。厨房の榊さんは多くを語るタイプではなかった。見よう見まねでスープづくり、湯切りを覚えた。目指したのは勿論「子どもの頃食べたあの味」だった。

2年の修業をへて、平成9年に福岡・樋井川に店を構える。決して良い場所とは言えないが、ファンの胃袋をつかんだ。僕が初めて訪れたのは開店して4年後くらいだろうか。既に人気で、昔からあるかのような雰囲気を醸し出していた。平成27年には、借りていた駐車場の立ち退きを迫られ、現在の場所に移っている。店も一新されたが、もう新天地に馴染んでいるのもすごい。

ただ、現状に満足しているわけではない。頭骨のみを使い、古いスープに新しいものを継ぎ足していく。師匠から学んだつくり方を貫く。それでも、骨の出し入れのタイミングや火加減など微妙なところでスープが大きく変わる。今でも「あの味」には到達できておらず、「今日より明日。少しでもおいしいものをつくりたいから、辞められない」。

最後にラーメンをつくってもらった。カウンターの「向こう側」に行くと中冨さんの表情は変わる。羽釜に泳がせた麺をざるですくい、鍋の縁に打ち付ける。カンカンっと小気味良い音を立てながら湯を切った。

見た目は王道の豚骨。一口すると豚骨だしの甘み、うま味がグイっと来て切れも良い。歯ごたえある細麺とも合う。何より丼が大きく、スープがたっぷり。「替え玉ありきですから」と中冨さん。つられるように替え玉も頼んだ。

特別ではないけれど、確かなおいしさがある。そして腹も満たされる。やはり生活のそばにあってこその豚骨ラーメンなのだと実感する。

いいあんばいのチェーン店

めんちゃんこ亭（福岡市早良区）

めんちゃんこてい
福岡市早良区百道2の8の1
☎092-844-3992

右／居心地が良く、年齢に関係ない店づくりを目指す米濵裕次郎さん　左／鉄鍋で提供される元祖めんちゃんこは902円飲んだ後の2軒目に行くのが僕にとっての「めんちゃんこ亭」だ。いつも周りは赤ら顔の人ばかりだが、この日は違った。平日の昼下がり。高校生、若いカップル、年配の夫婦、カウンターには女性一人客もいる。客層の広さを実感した。「居心地の良いエイジレス（年齢に関係ない）な店が目標です」とは社長の米濵裕次郎さん（52）。世代を超えた人たちのお目当ては名物「めんちゃんこ」にある。文字通り「麺」と「ちゃんこ」を合わせた看板メニューだ。

店は昭和55年、米濵さんの父昭英さん（81）が福岡市早良区で創業したのだが、その歴史を説明するには時をさらにさかのぼる必要がある。

中国で生まれ、戦後鳥取に引き揚げた昭英さんは、兄の豪さんに誘われて長崎へ。そして昭和37年、弟の和英さん（80）を含めた3兄弟で「とんかつの浜勝」を始めた。浜勝はのちに「長崎ちゃんぽん リンガーハット」を展開し、大手外食チェーンに成長することになるのだが、昭英さんは早くに兄弟から独立し、経営者として別の道を歩む。

最初はうどん屋からスタートした。昭和46年、讃岐うどんに感動して「鬼が島うどん」を創業すると、九州に20店ほどを持つまで急成長させた。そこで運命的な出会いも果たす。「店に来た同郷の横綱『琴櫻』関と親交を深め、九州場所では部屋に招かれたそうです」と米濵さん。力士たちに「ちゃんこ」をごちそうになり、締めの麺に感動した。それをヒントに「めんちゃんこ」を考案したという。

めんちゃんこは昭英さんのこだわりという鉄鍋で出される。ベースはハモ。浜勝時代、京都出身の従業員が賄いでつくったハモだしの吸い物が忘れられなかったからだそう。すっきりスープに野菜や肉のうま味がしみこむ。鉄鍋だから最後まで熱々。それでいて麺は、煮込まれてもプリッと歯ごたえを残している。

今でこそ名物だが、当初は思ったように売れなかった。当然、経営は良くない。それでも独自の味に自信を持っていたのだろう。昭英さんはうどん店をすべて畳んだものの、めんちゃんこ亭だけは手放さなかった。

米濵さんが経営に携わり始めたのは20代前半の頃、バブル崩壊後で「マーケティングでは『客層を絞れ』と言われた」時代。でも、そうはしなかった。「だれもがほっとできるような〝温かさ〟のある店にしたかった」。米濵さんは、チゲ味噌などめんちゃんこのレパートリーを増やしたほか、夜の居酒屋形態をスタートさせている。

叔父であり、リンガーハット名誉会長でもある和英さんからは、経営者の先輩として今もいろいろな助言をもらう。例えば、損得ではなく善悪で判断すること。そして社会貢献の姿勢―。「教わったことは自分の根っこになっている」と米濵さんは感謝する。

一方、従わないこともある。和英さんからは「もっと店舗拡大すればいい」と助言されるが、米濵さんは「店舗数とかは気にしてないんですよね」。

チェーン店らしからぬその姿勢が、目指している〝温かさ〟につながっているのかもしれない。

寒いときはココ
きりや（福岡市西区）

スープは豚骨と鶏がらを使っているという。「でもぐつぐつ煮たりはしないね」と桐谷春雄さんは言う

きりや
福岡市西区姪の浜5の1の27
☎092-883-6870

熱さとうまさを餡で閉じ込めた「きりやそば」(写真上、850円)。関東風のラーメンは700円(左ページ写真)

「北風が吹くと、食べたくなるんですよ」。そう話す常連客がいるそうだ。その言葉、よく分かる。僕も寒くなれば、同じように頭に思い浮かべてしまう。その一杯とは「きりや」の人気メニュー「きりやそば」である。

1月の寒い日にのれんをくぐった。もちろんお目当てはきりやそば。注文すると、店主の桐谷春雄さん（67）が中華鍋に向かう。豚肉、人参、キクラゲ、長ネギ、ニラ、タケノコ、タマネギを炒め、スープを入れてとろみをつけていく。隣をみると妻の明美さんが麺をゆでている。熱々のスープは熱々のまま。2人の動きからはそんな思いがあふれる。

できあがった一杯は、テーブルに置かれても湯気が止まらない。まずは、とろみ餡をまとった具材をほおばる。やっぱり熱い。それでも口をハフハフさせながら食べ進めた。キリっとした醤油風味に、柔らかなだしスープが溶け込む。下に隠れているのは細めの縮れ卵麺。具材のうま味がしみこんだ餡と一緒に食べるのが、これまた格別なのだ。

ラーメンも出しているが、醤油色のスープにナルトが載ったいわゆる「中華そば」だ。ほかの人気メニューを問うと、九州ではメジャーとは言いがたい「タンメン」を挙げた。「俺はこれしかできねぇから」。桐谷さんは言葉からして関東の人だった。

千葉県出身。18歳で料理の道に入った。最初はいわゆる町中華に勤務。その後20代後半で独立し、東京の戸越銀座で店を出した。数年で店は畳み、福岡出身の明美さんとともに九州に移り住んだ。

場所が変わってもやることは変わらない。佐賀市川副町にあった「南風亭」で働き、厨房を任された。そこで出していたのは関東風の醤油ラーメン。平成9年に「きりや」を開いてもメニューは変えなかった。

今、九州でも醤油ラーメンを出す店は多いが、きりやほどオールドスクールな一杯にはなかなか出合えない。開店当初、地元の人の多くは黒いスープに戸惑ったという。そんな中で支えてくれたのは関東からの単身赴任者たちだった。

彼らは週末を関東で過ごし、羽田から福岡に戻る。最初の頃は東京を発つ前に名残惜しさから現地でラーメンを食べていた。ただ、きりやを知って以降、そうはしなくなる。

『東京と変わんねぇからいいや』って、向こうで食べずに空港から直接うちに来る。そのまま単身赴任先のマンションに帰っていく」。支えのおかげで、店は続く。店が続くにつれ、地元のファンも増えていった。

今後どのような店に？　最後に質問した。答えは「これからもこのメニューだけ。自分の経験しかないから、お客さんに合わせてもしょうがないでしょ」。桐谷さんの「これしかできねぇ」は自信の表れに感じた。

最後まで熱々のスープを飲み干した。店を出ると冷たい風がほおを撫でる。でも寒くはなかった。

厨房も濃厚
拉麺処　丸八（福岡市城南区）

らーめんどころ　まるはち
福岡市城南区東油山147の5
☎092-871-5034

貫禄のある渡邉健さん（左）であるが、話してみるととても気さくな方。城戸修さんはいつも笑顔だ。ラーメンは1000円

「ラーメン好きの心にまた火が付いちゃってね」。真っ白な調理服姿の渡邉健さん（74）はそう言って笑う。本職はふぐの料理人。しかもミシュラン二つ星を獲得した「油山山荘」のである。普通ならばふぐに専念するのだろう。でも、渡邉さんには切っても切れない相手がいる。それがラーメンなのだ。

　これまで何度も別れ、何度もよりを戻してきた。もともと和食の料理人で、昭和47年に割烹「油山山荘」（福岡市城南区）を始めた。軌道に乗せると好物のラーメンをつくりたくなった。久留米に赴いて研究を重ねた末の平成元年、同市博多区にラーメン専門店「丸八」をオープンさせた。

　濃厚な豚骨が受けて繁盛したが、割烹との二足のわらじ。忙しすぎて10年ほどで店を閉じる。ところが諦めきれずに平成14年に同市南区で丸八を復活させたが、割烹で始めたばかりのふぐ料理が大ヒット。手が回らなくなって、3年ほどでまたもや閉めることに。丸八は幻の味となった。

　転機は令和2年。コロナで油山山荘が休業を強いられ、「好きなことをしたい」とラーメンに再び向かい合い、夏のみの期間限定で提供した。楽しくもあったが、別の思いも芽生える。「ふぐ用の厨房では火力が弱い。やるからには完璧にしたいと思ったんです」

　思いを後押ししたのは福岡に展開する「名島亭」創業者の城戸修さん（72）だった。城戸さんは丸八の味に惚れ込み、渡邉さんから教えを受けた職人の一人。「先生」「名島」と呼び合う仲で、定期的に会っていた。城戸さんは振り返る。「先生の気持ちは分かっていた。だから『加勢しますよ』って伝えました。というか、たきつけた感じですよ」

　渡邉さんの心は決まった。山荘の離れにある宿泊場所をラーメン専用の店舗に改築し、厨房をこしらえた。「長時間炊いて、コクを出したい」と寸胴は大きく、火力は強くした。かつてと同じく二足のわらじとなるが、城戸さんに助っ人として入ってもらうことにし、令和4年1月のオープンにこぎ着けた。

　新生丸八の一杯は、濃厚ではありつつフレッシュな味わいなのが印象的だ。かつての丸八のようなワイルドさ、獣感はない。「昔と違って、くさ味は求めていないからね。私自身の好みの変化ですよ」と渡邉さん。冷凍ではなく生の豚肉でつくったチャーシューも絶品だ。雑味がなくするりと胃に収まった。

　厨房を見やると〝店長代理〟の城戸さんが忙しく動き回っている。九州交響楽団のホルン奏者だった異色の経歴を持つ城戸さんは「新しいものはすべて古いものが土台にある。先生の出したいものに僕の経験をプラスして、最高のラーメンを出したい」。その言葉を聞いた渡邉さんはほおを緩める。「続けているとスープがどんどん深くおいしくなっていってます。ラーメンはやっぱり楽しい」

　福岡ラーメン界の大御所2人が並ぶ厨房はやはり濃厚である。

あえて引き継がない
KOMUGI（福岡市城南区）

宮若産の米を使ったりと地元への愛はそのままの柳田寛さん。プライベートでは音楽好きだという

こむぎ
福岡市城南区別府5の24の1

あぶったチャーシューなど丁寧につくられた印象の「トリニボ」。そのままでも麺を楽しめる「和え玉」も用意している老舗の味といえば守るものというのが一般的な感覚である。しかし、守るどころか味を変え、場所、看板まで変えてしまう人もいる。「ＫＯＭＵＧＩ」の店主、柳田寛さん（48）がその一人である。

　交通量の多い国道２０２号沿いで、目を引くのは青を基調としたポップな店構え。カフェを思わせるような内装。「マゼソバ」と「トリニボ」というカタカナ書きのメニュー。どれをとっても老舗感は全くない。柳田さんは言う。「平成30年の初めまで福岡県宮若市で営業していたんですよ」

　そのルーツは柳田さんの父、毅さんが昭和52年に飯塚市で開業した「王ちゃんラーメン」だ。店名を聞いて中華そば屋を想像してみたが、「父が戌年生まれだからです」と笑う。提供していたのは、鶏、豚ベースに漢方を加えた薬膳ラーメン。ヨモギを練り込んだ自家製麺も人気を集め、宮若に2号店を構えるほど繁盛していた。

　柳田さんがラーメンの道を志したのは20代の終わり頃。まずは父親の元で学んだ。飯塚の本店は平成15年の大水害により閉じていたため宮若店で働いた。最初の1年は父親が師匠。その後、福岡市の「中華そば郷家」で約4年修業して店に戻っている。「外を知る」。その経験が大きいのだろう。10年ほど前に店を完全に引き継いでからは、独自路線を開拓していくことになる。

　まずは、つけ麺、まぜそばをメニューに加えた。さらに豚骨を使わず、鶏がらと煮干しで煮出したラーメンも考案し、毎週水曜は「水曜日のトリニボヤ」として屋号とメニューを替えた。そして福岡市への進出である。

　「昼飯を食うところがなくなる」。常連客の声を聞いて悩んだ。一方、福岡市は20代のほとんどを過ごした愛着のある街でもある。「せっかくなら自分の味を多くの人に知ってもらいたい。人口が多いぶん厳しい目もあるけど、ちゃんとしたものをつくっている自負がありましたから」

　新天地では父親譲りの薬膳ラーメンを封印している。マゼソバは、もっちり太麺と甘辛いそぼろ、卵黄が混ざり合った直球な味わい。トリニボは、柔らかい煮干しの風味と、鶏だしが印象的な一杯だ。煮干しギンギンのタイプではなく派手さはない。だからこそ逆に、しみじみとしたうま味が感じられる。プリッと、モチッとした自家製麺もいい。さらに豚、鶏チャーシュー、白髪ネギ、ミツバが彩りを添えてくれる。

　ほかにも「コムタン」（担々麺）と「レッチリ」（タコス風まぜそば）がレギュラーメニューとして登場。福岡ではなかなかお目にかかれない味に着実にファンが付いている。

　「売れれば楽しいし、お客さんが少ない時は『移転しなければよかった』とも思います」

　味が違う。先代の方が良かった…。老舗ののれんは重い。ただ、老舗ののれんを脱ぎ捨てたゆえのプレッシャーはさらに重い。

においの余韻に浸る
ラーメン黒羽（福岡市南区）

「いいにおいのラーメン屋ができた」。ある日、友人からそう聞いた。ラーメンの「におい」に関して好みが一致する友人。数日後には、教えられた「ラーメン黒羽」に向かっていた。

場所は西鉄高宮駅のそば。店に近づくにつれて獣臭が漂って、思わず笑みがこぼれた。入るなりラーメンを注文した。一口すすると豚骨臭がゆっくりと抜けていく。元だれ、脂がうまく効いてにおいを増幅させるタイプだ。「これこれ」と口に含む。次は麺と一緒に、その次はスープだけで。気付けば完食していた。

誤解されがちだけれど、このにおいの強さは豚骨の濃厚さとイコールではない。近頃よくある泡ブクブクのスープでもなければ、丼の底に骨粉がいっぱい溜まっているわけでもない。「なぜこのにおいになるのか実は分からない。くさくなる要素は除いていているはずですけどね」。店主の田栗健治さん（63）は説明する。

主に使うのはげんこつと頭骨。血や汚れは丁寧に洗い流す。下茹でしてアクもすくう。寸胴は骨ごとに別々にし、火加減は中火に抑える。げんこつスープを頭骨の寸胴に継ぎ足していき、ダシが弱まると新しい骨を追加する。骨をかき混ぜることはあまりしない。

「屋台の頃からラーメンはにおいのあるものだったから」。田栗さんは学生時代を皮切りに20代の大半を中洲の屋台で働いた。その後は別の屋台を含めて飲食を中心に歩んできた。50代に差し掛かる頃、ふと思った。

「死ぬまでに1度自分の一杯で勝負したい」。偶然にもその頃、田栗さんの釣り仲間が博多区住吉でラーメン店「桜蔵」をオープンしていた。まさに渡りに船だ。2年ほど勤めて今の基本となるラーメンづくりを身につけると、平成29年5月に店を構えた。

桜蔵のラーメンは、黒羽よりあっさりながら芯には同じにおいが感じられる。店主の小山利彦さんは「田栗さんから『なぜこのにおいに』と尋ねられたことがあるけど、自然にそうなるとしか答えられなかった」と笑う。その小山さん。味の基本は独学だが、かつて天神にあった「葱一」で働いたこともあるという。葱一といえば、これまた「におい」が際立っていた店で、僕も大好きだった。

黒羽の一杯は好みが分かれると思う。「このタイプのラーメンを出せる勇気がありますね」と言う同業者もいるらしい。一方でハマった人は抜け出せない。

僕はハマった口である。いつも満足して店を出る。帰路、口の周りから漂う豚骨臭の余韻に浸りつつ、心の中で笑う。

らーめんくろは
福岡市南区高宮5の3の8
☎092-522-1272

いいにおいのラーメンは600円。同じくにおいのするちゃんぽんも僕の大好きなメニューの一つである

人吉と博多の師弟愛

博多新風（福岡市南区）

はかたしんぷう
福岡市南区高宮1の4の13
☎092-526-5018

東京・日比谷の店舗を見ながら、本店の厨房にも入る高田直樹さん。マー油が入った「黒とんこつ」は750円

令和2年7月の熊本豪雨。4日未明の雨は、熊本県人吉市の人気店「好来《ハオライ》ラーメン」を襲った。店主、吉村毅さん（79）は2階に避難したが、近くの球磨川からあふれた濁流は容赦ない。水位はぐんぐん上がり2階床上に。押し入れに逃げ込んだ時、携帯が鳴った。

「店に電話してもつながらない。不安になって携帯で連絡を取ったんです」

電話の主の高田直樹さん（51）は振り返る。福岡、東京で「博多新風」を展開する高田さんは20年前、好来で修業した経験があり、吉村さんとは師匠と弟子の間柄である。幸いにも水は引いて吉村さんは難を逃れた。ただ、厨房機器は全滅し、製麺機は水没。建物も取り壊しになった。

「本当は人吉に行きたい。でも大将は『来んでいい』と言うから」。高田さんはこれまでの恩を返すかのように奔走した。必要なものを聞き、業者を紹介した。

昭和33年に屋台から始まった好来は、昭和40年の水害でも建物が損壊して建て直したこともあり、今回はその再来。

「見舞金まで頂き、助かった。本当に感謝しています」と吉村さん。高田さんたちの援助のおかげもあってか、店舗を建て替えた上での再出発を決めた。

高田さんの生活のそばには常にラーメンがあった。昭和43年、父親、龍三さんが西鉄雑餉隈《ざっしょのくま》駅（福岡市博多区）近くでラーメン店「一龍」を開業した。数年後に福岡県春日市に移転。その後学生寮も始めたため、朝夕は学生の食堂、昼はラーメンのランチ営業と、龍三さんは妻の稲子さんと共に働き続けた。

高田さんが本格的に家業に関わったのは調理師専門学校に通っていた22歳の頃。稲子さんが病に倒れ、龍三さんと厨房を守ることになった。ただ経験を積むにつれて、自分の味を追求したくなる。豚骨の濃度を上げたい。自家製麺をしたい。何かヒントを得ようと各地で食べ歩きを重ね、出合ったのが好来の一杯（右ページの写真）だった。

真っ黒なマー油が混ざったスープに自家製の中太麺。その上にモヤシとキクラゲがどっさり。「この味を学べば福岡にないラーメンをつくれる」と確信した。

平成16年春。好来のラーメンとの出合いから2週間後の昼下がり、高田さんは球磨川のほとりで手紙をしたためていた。その日の朝、仕込み中の吉村さんに修業を申し込んだが「今、忙しかけん」と断られた。それでも諦めずにコンビニで買った便箋に思いをつづった。営業時に再訪し、手紙を渡した。

それから1カ月。諦めかけていた頃に吉村さんから電話があった。「まだやる気はありますか」。もちろん答えは決まっていた。当時のことを吉村さんに聞くと「弟子はとってなかったけど、熱心さに負けました」と教えてくれた。

一龍のラーメンに加えたかったマー油、そして製麺方法を学んだ。平成17年に一龍を父親と弟の祥裕さん（48）に任せ、福岡市南区で「博多新風」を立ち上げた。本店を軌道に乗せると、各地に店舗を広げた。

店名にたがわず、博多のラーメン界に新しい風を吹き込んだ一杯は、とろみある白濁スープに吉村さん直伝のマー油が混ざる。豚骨の濃さ、深みが縦軸ならばマー油は横軸。ニンニク、ごま油の風味が豚骨のだしを豊かに広げてくれる。「噛みごたえがあるでしょ」と自信を持つ自家製麺がまたいい。しっかりゆでられているのに歯切れが良かった。

高田さんにとって忘れられないエピソードがある。人吉でアパートを借りる際、身元引受人が必要と言われた。助けてくれたのは吉村さん。不動産屋に高田さんのことを「息子」と告げてくれた。

ラーメンはもちろん、師匠の優しさ、常に喜ばれようとする生き方に感銘を受けた。「人間として勉強させてもらった。『大将のような男にならないかん』とやってきた」

平成30年、龍三さんは93歳でこの世を去った。豪雨被害から復活を果たし好来は令和4年1月、新たな店舗の営業を再開している。高田さんは「今、大将がお父さんですね」と言う。師弟関係は時に血縁をも超える。

「わざわざ行って食べる」感覚

御忍び麺処nakamuLab.（福岡県那珂川市）

福岡県那珂川市に完全予約制のラーメン店がある。「御忍び麺処ｎａｋａｍｕＬａｂ．（ナカムラボ）」は、平成30年９月に開店。立地、形態、メニューを含めた〝唯一無二〟を求めて多くの人が詰めかけている。

店と書いたが、いわゆる店舗とは違う。外観は普通の民家。玄関を開け、靴を脱いで廊下を抜けるとリビングにはカウンター席。その奥の台所で店主、中村聡志さん（38）が迎えてくれた。

この日は「鶏白湯Ｓｏｂａ」を選んだ。見た目からインパクトがある一杯は、味のパンチもかなりのもの。メレンゲのように泡立ったスープは軟らかな舌触り。鶏の濃厚さが前面に出るわけでなく、昆布、シイタケなど和だしが下支えする。チャーシューもいちいちおいしい。『あの店に似てる』とかだったらわざわざここまで来てくれないでしょ」

中村さんは元キックボクサーという。会社員だった19歳の時に始めた。１年でプロになり、戦績は６戦全勝。仕事を辞めて上京した。ただ、その後は思うようにいかない。格闘技ブームも下火となり「モチベーションが保てなくなった」。

格闘技の次はラーメン海外修業となる。当時、東京にあった博多の老舗ラーメン店でバイトをしていた。店がシンガポールに展開する話を聞き、真っ先に手を上げたのだ。25歳。同国を皮切りに、会社を渡り歩きながら米国、フィリピンで経験を積んだ。独立のために帰国して現在の場所を住居用に借りて物件探し。同時に試作を繰り返し、友人に振る舞っているとこう言われた。「ここでやれば?」

「３カ月やってお客が来なかったら店舗を探そう」そんな当初の懸念を吹き飛ばすように、ほかにない味とスタイルが口コミで広がった。予約が途切れない状態が続き、やめるにやめられなくなった。

格闘家からラーメンに。一貫性がない人生に思えるが、意外にも計画的だ。25歳でチャンピオンになれなかったら辞める。その後の５年はバックパッカーとして世界を回る。キックボクシングを始めた時に自分の中で決めていた。ラーメンへの転身も、海外修業も、思い描いた流れの中にある。そして今、その先の計画していなかった人生を歩く。東京、神奈川に進出。地元で２号店も計画する。

目標を聞くと「海外に店を出す」こと。「格闘技でもチャンピオンに〝なりたい〟ではだめ。〝なる〟じゃないと」。どちらも自分の腕一つで戦う職業。攻めの姿勢は変わっていない。

おしのびめんどころ　なかむらぼ
福岡県那珂川市別所1067の8
☎090-4358-1696

「鶏白湯Soba」（写真）は850円、「和風醬油Soba」は760円。ほかにも担々麺などがある。せっかくならいろいろと食べたくなる

七色支える土台のうまさ

拉麺空海（福岡県那珂川市）

「白と黒がツートップ。黄は1度食べるとやみつきに…」。福岡県那珂川市の県道沿いにある「拉麺空海」では初めてのお客さんにそんな説明をする。言葉のみを聞くと「何のことやら」だけれども、メニューの紹介である。ほかには赤があり、茶があり、青、緑まで続く。

店主の柴田佳幸さん（47）によると、使うスープは豚骨のみで炊いた1種類。それでも七色に変化する秘密は厨房にあった。普通、ラーメンは丼に元だれを入れ、スープを注ぐ。白はそのようにつくるが、赤は唐辛子の粉とラードを混ぜ入れ、その後スープを注ぐ。黒はマー油で、赤と黒を合わせたのが茶。黄はカレースパイス、青は煮干し粉末を混ぜる。緑は変化球で、野菜を山盛りにする。

まずは青を選んでみた。一口食べると煮干しの風味が来る。それなりのパワーがあるけれども、ざらっとした豚骨スープは濃厚でコクがあり存在感はしっかり。辛味だれも豚骨を引き立ててくれる。続いて赤、茶も味わった。どれも白と差別化されつつ、豚骨が負けていないのがいい。「豚骨でいろんなものをつくって、常識を覆したい」と柴田さんは言う。

福岡県粕屋町出身で、最初はホテルの中華料理店に就職した。ラーメンへの転身は24歳。福岡県筑紫野市の「暖暮《だんぼ》」を経営していた義理の伯父から声を掛けられた。味も気に入ったが、それだけではない。レストランでは一品提供するのに10分はかかるのに対しラーメンは数分。そのスピード感が新鮮だった。しかも食材が無駄になるロス率も低い。商売としてラーメンの面白さに気付いた。

当時の暖暮はテレビの企画「九州ラーメン総選挙」で1位となるなど大人気で多店舗化も進めていた。「自分でもできる」。そんな思いが膨らんでいった。

空海のオープンは平成16年。初期は今でいう白、黒、赤のみ。さらにメニューを広げようと食べ歩きを重ねて研究した。「60キロだった体重が１００キロになった」甲斐もあってか、開店5年後には今の七色が揃った。

この頃、西鉄雑餉隈駅前に支店を出している。そこでは週1回創作ラーメンをつくって腕を磨いた。ただ、本店に目が届かなくなり、店を閉じる「失敗」も経験。今、店舗展開は全く考えていない。

柴田さんの名刺には「豚骨大将」と書かれていた。「豚骨は炊き方で味も変わる。いろんな可能性がある」。魚介、鶏など素材はあれどベースはあくまで豚骨である。目指すのは拡大でなく、深化なのだろう。その先に、また違った色ができあがるのかもしれない。

らーめんくうかい
福岡県那珂川市松木1の1の1
☎092-953-7111

煮干し粉末が入った青（写真、690円）。濃厚ながら脂っぽくない豚骨と良く合う。白は640円、緑は740円、そのほか690円

たし算、かけ算のおいしさ
おしのちいたま（福岡県糸島市）

見た目からずるい。色味豊かな具材が別皿に盛られ、器にはごぼうの橋が架かる。黄金色のスープには全粒粉入りの麺。JR筑前前原駅近くで令和3年10月にオープンした「おしのちいたま」は〝見せる〟一杯を出す。でも食べた印象は飾らないタイプ。鶏がら、鯛のあら、野菜でとっただしはあっさり。それゆえ小麦の香りは際立ち、控えめなスープからはうま味、そして塩味が顔を出す。

「塩を味わってほしいんです」。オーナーの平川秀一さん（48）は「あっさり」の理由を語る。それもそのはず、平川さんは昔ながらの製法で塩をつくる職人さん。あくまで塩が主役なのだ。

塩づくりを始めたのは、塩専売制度廃止（平成9年）に伴い生産が自由化され、全国で天然塩づくりが広まっていた頃だった。当時は和食の料理人。精製塩との違いに驚き、「自分でつくりたい」と平成12年に糸島半島に「工房とったん」を構えた。

店から車で30分。まさに半島の突端に塩田がある。組んだ櫓に竹が逆さにつるされる立体式で、くみ上げた海水を竹の上部から垂らし、日光に当てながら水分を飛ばしていく。下まで達するとまた上へ。これを10日間繰り返し、その後は釜で5日間煮詰めていく。手間暇かけた塩は「またいちの塩」と名付けている。

「認知されたのは、ここ10年です」と平川さん。その間、手をこまねいていたわけではない。「しおをかけてたべるプリン」を開発してヒットさせたほか、糸島市郊外に塩と地元食材を合わせたレストランをオープンした。

ラーメンは新たな挑戦の一つだ。「ひねくれているかも」と自己分析するように、開業では「逆張り」を貫いた。コロナで世の中が内向きな中での新規出店。豚骨ではなく塩で勝負。場所は郊外ではなく市街地に決めた。「これまで景観、海、手つかずの自然など僻地の強みを生かして商売をしてきた。すべての価値をひっくり返したかったんです」。だから屋号は「またいちの塩」を逆さまにした。

でも、と平川さんは続ける。「やってきてないことをやったつもりだけど、『おいしい』を求めていることは変わっていないんだ。そう再認識しました」

素材を生かしたり、調味料を控えたり。料理ではよく引き算という言葉が使われる。水分を抜いていく塩づくりも引き算に近いと考えていたが、またいちの塩を味わってみると違う気がしてきた。単に水分を引くだけではなく、同時に海のミネラルを凝縮させている。平川さんの言う「おいしい」は、たし算でも、かけ算でもあるのだ。

おしのちいたま
福岡県糸島市前原西1の6の22
☎070-4068-5037

「塩そば」（1300円）。卓上には、味変アイテムもある。製塩時の樽底にたまった塩をひとつまみ混ぜると味わいが深まる

親族で老舗守る 沖食堂(福岡県久留米市)

おきしょくどう
福岡県久留米市篠山町242の1
☎0942-32-7508

右／3代目となった川口渡さん。妻の宣子さんはやきめし（650円）を担当する　左／ラーメンは600円。やはりやきめしセットが人気

赤地と黄色地の看板は旧店舗とほぼ同じ。建物の外観もどこか似ている。代替わり、移転新築のため休業していた「沖食堂」が再開した令和3年9月10日、新しい店を訪れ、その変わらなさに安堵した。僕と同様に待ちわびたファンも多かったのだろう。開店前にもかかわらず、既に長い列ができていた。

並ぶこと数十分。店内は新旧が共存する空間だった。真新しい壁には「創業１９５５年」と刻まれた古い木製パネルが掛かる。これは前の店舗で飾られていたものだ。見渡せば、いす、テーブルも昔のまま。厨房に目を移すと3代目になったばかりの川口渡さん（60）が動き回る。その隣でフォローするのは叔父で2代目の小川伸夫さん（77）である。

注文はやきめしとラーメンのセットにした。休業前は人手不足でやめていたやきめしも復活させた。豚肉ではなく、ここは牛肉を使う。ほかの具材もかまぼこ、ネギ、とシンプルだ。米に焼き色がしっかり付いて香ばしい。ラーメンは豚骨に鶏がらを少し混ぜた野性味控えめなスー

プで、まろやかさが舌を包んでくれる。十分にゆでられた麺とよく馴染み、「変わっていないなぁ」と安心した。

創業したのは小川さんの義父、沖義信さん（故人）。もともと果物店を営んでいたが、昭和28年の西日本大水害で店が損壊してしまう。建て直す際、新たな事業に乗り出すことにした。沖さんは久留米市内のラーメン店を食べ歩いて研究し、昭和30年に果物店の中に厨房を併設して沖食堂を開業した。

ラーメンを始めた当初の狙いは隣接する明善高の生徒相手の商売だった。その狙いは当たった。ほどなく果物の看板を下ろし、メニューを増やす。ちゃんぽんから肉を除いて価格を安くした「チャンドン」は、お金はないが食欲はある。そんな高校生たちを惹きつけた。明善出身のミュージシャン鮎川誠さんもその一人。有名になっても通ってくれ、いつもチャンドンを注文してくれた。

小川さんが継いだのは昭和58年のこと。沖さんが病に倒れ、後継ぎとして白羽の矢が立ったのだ。当時化学メーカーの会社員で「転勤がいやだったしね」。30代半ばで脱サラし、2代目となった。

変わらず明善高生に支えられた。テストが良かったご褒美におごってあげる先生がいた。学校を抜け出して食べに来る生徒もいた。「運動場から『おいちゃん、ラーメンばちょうだい』って声がするんよ。学食があるのにね」と懐かしむ。

ただ十数年前から高校生客は減っている。「今は学校を抜け出さんでしょ」。でも、高校生以外の客が増え始めたため、暇になるどころか忙しくなった。

「おいちゃんが店を辞むるげなよ」

昨夏、川口さんは母の婦佐子さんからそう伝えられた。おいちゃんとは小川さんのことで、婦佐子さんの弟にあたる。厨房機器の更新が必要になったことと自分の年齢を考え、小川さんはのれんを下ろすことを決め、姉に伝えたのだった。

当時、川口さんは奈良県在住の会社員。定年間近で先行きに不安があり、久留米に住む両親のことも気がかりだった。そして自身も明善出身で沖食堂のラーメンは懐かしの一杯だった。

「すぐに伸夫にいちゃんに電話しました。『継ぐから教えて』ってね」

沖食堂は令和2年10月末でいったん閉じ、そこから「叔父とおいっ子」は「師匠と弟子」の関係になった。スープづくり、麺上げと毎日のようにラーメンと向かい合った（右ページの写真）。

「味はしっかり継いどる。もう私はパートのおじちゃん。おらんでよかごとある」。小川さんは新生沖食堂に不安はないようだ。川口さんは「スピードについていくのが大変。でもお客さんの『おいしい』との言葉は格別です」と話す。2人のやりとりを聞いているとやっぱり「叔父とおいっ子」だった。

店を出て看板を見上げた。「親しまれてきたものだから、変えたくなかったんです」と川口さんは教えてくれた。看板だけでない。味も客もそう。これからも老舗の重みを実感していくのだろう。

あの丸福の系譜！

拉麺 久留米 本田商店（福岡県久留米市）

らーめん くるめ ほんだしょうてん
福岡県久留米市南3の27の29
☎0942-55-4065

右／「つくり手としてラーメンは自由なところが魅力です」と本田眞一さん　左／写真は「純味」ラーメン玉子入り

　僕にとって久留米ラーメンとの出合いは、西鉄花畑駅（福岡県久留米市）近くにあった「大龍ラーメン」である。もう30年以上前のこと。福岡市に住む中学生の僕は、ここで濃厚な久留米ラーメンを知った。当時から麺好きで、気に入って訪れるうちに向かい側にあった店も気になり出す。名は「丸福ラーメン」。大龍よりパンチは控えめ。揚げニンニクが入った一杯で、地元に愛されている感じがよかった。いや、実際に愛されていた。

「小学生の頃、父に連れられて丸福に行ってました。名物おばちゃんがいたでしょ」。花畑駅から南へ1・5キロほど離れた場所で店を構える「拉麺 久留米 本田商店」代表の本田眞一さん（55）は懐かしそうに語る。丸福と大龍はともに昭和40年代初めの創業。駅の再開発などで両店ともに移転してしまったけれども、それまでは人気を二分していた。

　僕と同じように麺好き少年だった本田さんは、地元の久留米ラーメンに惚れ込んだ。福岡市の高校に進学した後も、級友を連れてきてはラーメンを味わってもらっていたという。

大学卒業後はインテリア関係の仕事に就き、36歳で独立を果たす。ただ、そのまま転がらないのが人生である。「なんと父が『丸福』を始めたんですよ」

本田さんの実家は履物問屋「本田商店」を営んでいた。明治創業の老舗はライフスタイルの変化の影響をもろに受けていた。平成に入ると経営は厳しくなり、本田さんの父親で3代目の昌男さん（86）が看板を下ろす。

閉店後、昌男さんは高校時代の同級生から声をかけられた。「教えるからラーメンやってみらん?」。その同級生こそが、丸福の創業者、中島さんだった。昌男さんは平成13年、福岡県筑後市に「丸福ラーメン筑後店」をオープンさせたのだ。

本田さんは内装などで店に関わった。当時はインテリア関係の会社を立ち上げた時期であり、一風堂など九州のラーメン店が全国に広がった時期でもあった。「経営者目線でラーメンは可能性があると感じたんです」。厨房にも入るようになり、丸福に赴いては中島さんから直接教えを受けるようになった。

「最初は丸福の味を再現しようと思った。でも物足りなくなって」と本田さんは振り返る。独自の味をつくりたい――。そう相談すると、中島さんは「自由にやっていいよ」。インテリア業との二足のわらじは辞めた。会社は知人に譲り、平成17年に父親から店を引き継ぐ。店名も「筑後丸福ラーメン」に変えた。

「久留米に出す店の名前は履物問屋と同じ『本田商店』にしようと思います」。平成22年のこと。親戚が集まった法事の席で本田さんは宣言した。筑後丸福はうまくいき、2店舗目を出すことが決まっていた。屋号を復活させた理由は閉店する前に見た父親の姿が忘れられなかったからだ。「涙を流しながら、店に掛かった看板を捨てようとしていたんです」。代々守ったのれんを下ろす。その無念さは痛いほど分かった。

本田さん独自の味を確立したのもその頃だという。時間差で炊いたスープを混ぜていく久留米ラーメンの手法「呼び戻し」を使う。創業以来、丸福から譲り受けたスープを元に継ぎ足してきた。けれども丸福とは違う。一番人気のメニュー「純味」の味わいは、より濃厚で、よりコクがある。そして熟成具合も深い。自家製麺は濃度あるスープをまとい、小麦の香りに豚骨のうま味がのってくる。

丸福の系譜にあることを誇りに思う。「今もみんなの心に残っているのはすごい」と評す。丸福の味をオマージュした「元味」はニンニクチップが入った一杯に仕上げている。

「あんたのじいちゃんから草履を買いよったよ」。そんな話をしてくるお客さんが来るたびに、屋号を復活させたことをうれしく思う。「歴史はお金では買えません」。今はそう実感している。

帰り際、古めかしい看板（右ページ写真）が壁に掛かっているのに気付いた。「実は、父が捨てようとした看板を私が保管していたんです」。本田商店と浮彫りされた木製看板は、4代目の姿をじっと見守ってくれている。

風格ある老舗の余韻
潘陽軒本店（福岡県久留米市）

ばんようけんほんてん
福岡県久留米市六ツ門町7の52
☎0942-35-2237

右／前田研三さんはいつも大きな寸胴の前にいる　左／昔の久留米ラーメンは、こんな感じだったのかと思う。700円老舗のカウンターには独特の雰囲気が漂う。ある休日の昼時、昭和23年創業の老舗「潘陽軒本店」に立ち寄ってそう思った。

カウンター右奥では、常連らしき客がラーメンをすすっていた。すぐに別の男性客が入店し、常連さんの隣に腰掛けて「瓶ビール頂戴」。未明からの仕事を終えたばかりらしい男性はビールを注ぐと、隣を向いてグラスを軽く上げた。すると常連も水のコップを手にして「お疲れさん」と応じた。

この光景を見ただけで、もうおいしい。老舗のカウンターと常連さんはやはりセットなのだ。

「常連席という訳じゃないんだけど。なぜだか端っこにね。私とも会話しやすいからかな」とは、店主の前田研三さん(64)。一見こわもてだが、話してみると意外に気さく。勢いに任せて、70年以上にも及ぶ店の歴史を聞いてみた。

創業者は祖父母にあたる泉さん、トメさん夫婦。戦前、満州の奉天（現在の瀋陽）で中華料理屋など7店を経営していた。敗戦ですべてを失い、現地の中国人に逃がしてもらい、命だけは助かったという。

引き揚げた後、久留米の六ツ門で屋台潘陽軒を始めた。豚骨発祥の地である久留米だが、当時はまだラーメン店は少なかった。奉天時代に料理に使ったスープを改良し、うどんの製麺所に中華麺をつくってもらったらしい。

珍しさもあったのだろう。とにかく売れた。昭和28年に店舗化を果たすと、カウンターのみの店は常に満席だった。あまりの人気から教えを請う人も多かった。

「じいさんとばあさんは中国で助けられた。恩返しと思っていたんでしょう」。2人は惜しげもなくレシピを伝えた。店名に「本店」とあるのは、その頃、教え子たちが店を出したから。別に「支店」があるわけではない。

「ラーメン屋の星の下で生まれたからね」と言う前田さんは18歳で厨房に入った。朝から夜までずっとスープを見続け、もう40年以上。コツは「最初炊いて、『じわり』と寝かせること」と言う。

豚骨に鶏がらを混ぜたスープをすすった。口当たりはあっさりだが、獣の存在感は十分で、じわりと舌を包む。しっかりゆでられた中太麺はスープとよく絡み、麺、スープと交互に食べ進めて完食。ただ、それで終わりじゃないのがこの一杯の真骨頂だ。じわりと寝かせたからなのか、鼻腔に豊かな余韻が持続し、食後もいっとき楽しめる。常連がとりこにされる気持ちが分かる。

平成26年、マンションへの建て替えのために創業店は取り壊された。約3年の仮店舗営業をへて今は新しく建ったマンション1階に戻って営業している。

新しいカウンターなのに老舗の風格が漂うのはなぜだろうと考える。そこに集う常連さん、ラーメンと向き合う大将の姿、食べ継がれてきた味が影響しているのだろう。老舗の風格とは、見た目の新旧は関係ないのだ。

ここのは「焼きめし」だ
丸好食堂（福岡県久留米市）

屋号は母親の好美さんの名前から。「店を継ぐつもりはなかったんですけどね」と平川広義さんは話してくれた

まるよししょくどう
福岡県久留米市安武町本3057
☎0942-26-2331

周りを見渡すとほとんどの人がラーメン（600円）と焼きめし（630円）を頼んでいた。ペロリと平らげられるが、お腹はいっぱいだチャーハンと焼きめしってどう違うのか？　ご飯を炒めるという意味ではどちらも同じ。実際、東日本はチャーハンという呼び名が主流で、西日本に行くにつれ焼きめしになるとの調査もある。それでも違うというなら、前者がチャーシュー入りで米粒一つ一つが卵に包まれた中華料理。対する後者は、かまぼこ入りで醤油をたらして焼き色をつけた日本の料理だろうか。

「丸好食堂」で、そんなことを考えていると、注文の品が運ばれてきた。具材は卵、ネギ、人参、かまぼこ。熱々で湯気が立ち上る。

「チャーハンとの違いなんて意識したことない。けど、うちのは『焼きめし』ですよ」。2代目の平川広義さん（61）はそう言い添えた。丸好は、沖食堂をはじめとする久留米に多い「食堂系」ラーメン店の一つ。ラーメンと並ぶ看板メニューがこの焼きめしである。

創業は昭和42年。肉牛の生産農家だった平川さんの父親の広己さんが「畜産業とは別の収入を確保したい」と発案し、母親の好美さんが中心となって始めた。食堂という名の通り、豊富なメニューをそろえた。ラーメンの味は職人を雇い入れて教えてもらったという。

「最初は全然だめでずっと赤字でした。味を変えていくと軌道に乗ったみたいです」。昭和40年代後半、平川さんが中学生になる頃には繁盛しだし、牛肉輸入自由化の話が持ち上がっていた畜産業はやめて食堂一本にしぼった。

平川さんが厨房に入ったのは27歳の頃という。好美さんが体調を崩したため、トラック運転手の仕事を辞めて実家に戻った。好美さんが復帰した後もそのまま働き、両親引退後は2代目として店を守っている。

目玉焼、酢豚、野菜いため、焼そば、焼肉…。壁にはメニュー札がぶらさがる。ホルモンをつまみに酒を飲む客がいれば、焼きめしをシェアしてラーメンをすする家族連れがいる。そんな多彩なメニューが、世代を超えた人たちを惹きつけてきた。「大変だけど、メニューを減らすつもりはない」と言う。その裏には6年ほど前から働く息子、涼太さんの存在がある。今では時折、厨房を3代目に任せ、常連さんと杯を交わす余裕もできた。「おやじもよく飲んでいた。その血ば引いてるのでしょうね」と平川さん。

そうこうしているうちにラーメンがやってきた。さらりとした淡い白濁スープは豚骨のみを炊いたものだという。口当たりはあっさりだが、「軽い」のではない。久留米らしい豚骨の深みがグイッときて、後味が持続する。一方の焼きめしはといえば、塩加減が絶妙だった。これ以上強ければラーメンのスープを飲むのがきつくなる。ぎりぎりのところで抑えているのがいい。

食べながら、チャーハンと焼きめしってやはり違うと思った。チャーハンはラーメンと一緒に食べたくない。けれども焼めしならいける。僕にとっての違いはそこにある。

残してくれて感謝

めん屋一重（福岡県広川町）

めんやいちえ
福岡県広川町新代1879の1
☎070-4086-8470

左／ラーメンは600円　右／「僕らより上の人には懐かしい、下の人には珍しい。この味を守るのは大事」と重野秀典さん

店内は以前とほとんど変わらなかった。年季の入った木製カウンターに固定式の丸椅子、そしてコンクリート床。無料の漬物コーナーもそのままだ。壁際には看板があり、白い文字でこう書かれていた。

つる荘—。

店主、重野秀典さん（39）は「ほとんど昔のままです」と言う。国道3号沿いのこの店では、令和4年末までラーメン店「つる荘」が営業していた。重野さんはその事業を承継して、翌年4月に「めん屋一重」としてオープンした。

「レシピも教えてもらいました」。そう言いながら重野さんは厨房へ向かう。別のお客さんが注文した焼きめしをつくりながら、麺をゆがいて、スープを注いだ丼に盛り付けていく。手際がいい。それもそのはず、重野さんは「麺劇場　玄瑛」と「ＳｈｉｎＳｈｉｎ」（いずれも福岡市）で計13年間経験を積んだラーメン職人なのだ。

できあがった一杯は、軽く白濁していて、確かにつる荘を彷彿とさせる。見た目通りのあっさりとした口当たりと、持続するうま味もなかなかのものだ。麺はより固め仕様か。ペロリと平らげる。毎日食べられそうな、日常に馴染む味は本家を引き継いでいる。

「地元がここ。物心ついた時から食べていたのがつる荘のラーメンです」。つる荘の店主とは回覧板を回す間柄だった。大学進学に伴って故郷を離れたが、帰省のたびに店に寄った。「大人になっていろいろなラーメンを食べた。でも、やっぱりここに帰る。原点の味です」

異変が起きたのは令和4年秋のこと。いつものように帰省時に赴くと、張り紙が目に飛び込んできた。「12月31日をもって閉店することとなりました」

実は、僕もつる荘ファンの一人で、閉店の予感はあった。

「体が苦しくなってきたけど二人三脚でやるしかない。継ぐもんもおらんしね」

3年ほど前に取材した際、ともに80歳近くになっていた店主の久保田博敏さん、郁子さん夫婦（右ページ写真）はそう漏らしていたからだ。

店の歴史も教えてくれた。博敏さんは20代前半の頃、「飲食店をしよう」とうどんの名店「久留米荘」（福岡県久留米市）に飛び込んだ。2年間働いた後、昭和42年に独立開業。修業先から「荘」をもらって屋号は「つる荘」とした。

久留米荘譲りの煮干しだしうどんは売れたそうだ。ただ、暑い時期になるとからっきし。「そこでラーメンば出そうと思ってね」。そう話す博敏さんは、うどん修業の後、店が建つまでの食い扶持を得ようとラーメン店「三福」（本書128ページ）で働いていたのだ。これが当たった。軌道に乗ると、ちゃんぽん、焼きそばとメニューを増やし、麺食堂として地元で親しまれる存在となった。

閉店の張り紙を見た重野さんは、その日のうちに父親の勝一郎さんと一緒に久保田さん夫婦を訪ねたという。

「誰かやってくれんかね」と博敏さんはつぶやいた。体がついていかずに閉業を決めたものの、味を残したいという気持ちは強かった。そして事業の承継者を募集していた。重野さんは「僕しかいない」と感じ、名乗りを上げた。

当時はＳｈｉｎＳｈｉｎに勤務。休みの日を利用して朝5時から手伝いに入った。令和5年の2月で仕事を辞めて、4月28日のオープンにこぎつけた。博敏さんの要望で屋号は変えたが、ほとんどのレシピを習っている。

事業承継に関わった地元商工会、銀行でもつる荘ファンは多かった。保健所に届け出に行けば職員が「復活するんですね」と話しかけてくる。取材中もお客さんが来てラーメンを注文。「なくなっちゃったと思ってたから。味が続いてうれしい」と喜んだ。「地元に愛されていたんだな」。重野さんは実感している。

近年、後継者問題に悩む飲食店が事業承継を選択するケースが増えてきた。ただ、承継先は企業、個人とさまざまだ。ただ、つる荘のような地域密着の店は、個人が引き継ぐのがいい。地元ゆかりの人ならなおさらである。

変わらない場所で、あっさりスープを飲み干しながらそんなことを考えた。

継がれるべき味
三福（福岡県八女市）

さんぷく
福岡県八女市蒲原70の1

右／見た目は久留米らしいラーメン（700円）。自家製麺は麺線が長い　左／平ざるを使いこなす田島瞳さん。かっこいい店先には「昭和二十五年創業」とある。でもなぜだか老舗らしさは感じなかった。整然とした店内には田島瞳さん（44）、大武恵美子さん（72）親子の姿。雑然とした店に頑固おやじ、といったステレオタイプな老舗像とかけ離れているからそう感じたのかもしれない。

ただ、話を聞くとさすが老舗と思う。創業者は樋口富太さん。戦後間もなく福岡県八女市（当時は福島町）の繁華街で「三福」を開いた。はっきりしたことは分かっていないが、堀川自動車（現在の堀川バス）の経営陣だった樋口さんが久留米でラーメンを学んだらしい。堀川自動車は八女と久留米をつなぐ路線バスを運行し、三福開店の理由は「バスドライバーたちへのおもてなしのため」という素敵な逸話も残る。

「店の横に岩田屋があって、家賃が一番高い場所といわれてました」と大武さんは懐かしむ。樋口さんと親戚関係にあった大武さんは四十数年前、タクシー運転手だった夫の博孝さん（故人）とともに修業に入った。樋口さんの息子で2代目の三也さんは、大武さん夫婦の仲人という間柄でもあった。

4年の修業を経て、夫婦は福岡・二日市でラーメン店「五代」を開く。店を軌道に乗せる一方、三福は存続の危機を迎えていた。富太さん、三也さんが亡くなり、後継者がいなくなったのだ。それでも富太さんの奥さんは「店を閉めたくない」と諦めきれずにいたという。

大武さんは振り返る。「恩がありましたから。自分たちの店は諦めたんです」

昭和から平成に変わる頃、夫婦で八女に戻った。最初は店舗ごと引き継いで9年間営業。その後、広川町の国道3号線沿いに移った。田島さんはこの頃から本格的に厨房に入っている。

「瞳という名前を付けてくれたのは2代目の三也さん。私もかわいがってもらいました」。そう語る田島さんに代々伝わる一杯をつくってもらった。

厨房に立つと柔和な表情が引き締まる。羽釜と平ざるを使い、器用に麺をすくう。そして小気味よく湯切りし、丼に盛り付けた。できあがったのはさっぱりした豚骨スープだ。脂分少なめで強すぎないのがいい。麺の長さのせいか、舌触りのせいか、すすり心地がとてもよかった。

老舗らしからぬ話ではあるが、店には豚骨と双璧をなす人気の新メニューがある。5年近く前、博孝さんが体調を崩したため、夜営業を辞め、朝営業に切り替えた。それを機に考案した「鶏塩ラーメン」だ。食べてみると、こちらも優しい味で、朝ご飯としても食べられそう。鶏だしの滋味なうま味を控えめな塩味が引き立てる。豚骨と同じように麺のすすり心地がおいしさを増幅してくれた。

田島さんは約10年前、4代目として店を継いでいる。「親の苦労を知っていたので、代わろうと思った。長男が生まれて親の気持ちが分かったのかも」

ちなみに二日市時代の「五代」には「5代続くように」との願いを込めた。かつて夫婦が想像した未来は、違った形かもしれないが、しっかりと今につながっている。

（取材後、三福は道路拡張の為に創業の地である八女市に移転している。）

「ペルーに行っとったから」
ペルー軒（福岡県うきは市）

結婚前は大分のラーメン店で働いていたという
渡辺洋子さん。即戦力でペルー軒を支えた

ぺるーけん
福岡県うきは市吉井町1307の4
☎0943-75-3327

ラーメンは550円。三角形の薄焼き玉子の由来は分からなかった。ちなみにゆで卵は１個10円だが２個100円

僕もそうだったが、初めてここを訪れた人の頭に「?」が浮かぶことだろう。旧吉井町中心部。白壁土蔵造りの建物が残る古い街並みの中に、突然「南米ペルー軒」と書かれた看板が飛び込んでくる。ペルー? 何料理屋さん?

のれんをくぐると、ラーメン店だと分かる。それもいたって普通の。なにゆえこの名前? 「詳しいことは分からんけど、ペルーに行っとったから。それでつけとります」。いつも聞かれるのだろう。厨房の渡辺洋子さん(69)はよどみなく答えてくれた。

ペルーに行ったのは渡辺さんではなく、義父で創業者の勝之さん(故人)。渡航時期は不明と言うが、「ペルー日系人協会」などがまとめたサイトを検索すると勝之さんの名前を見つけた。

昭和2年3月20日、銀洋丸という船で現地入り。誕生日から計算してみると、26歳の時だった。

当時、多くの日本人が移民として南米に渡ったが、理想と現実の違いを突きつけられた人も少なくなかった。勝之さんもそうだったのかもしれない。「現地の食堂で働いたけど戻ろうと思ったみたい。最後の船に乗って日本に帰ったと聞いとります」

調べると、日本とペルーを結ぶ輸送船は昭和15年頃まで続いたので、その時期に戻ったと推測できる。帰国後は帽子店などをやって食いつないだという。そして昭和32年にラーメン店を開業する。屋号はペルー軒。ちなみに、味は久留米の職人から習ったのでペルーとは全く関係ない。

渡辺さんは昭和51年に勝之さんの息子正男さんと結婚し、店に入った。既に人気だったのは珍しい名前ゆえではない。当たり前だけれども、勝之さんのつくるラーメンが客を惹きつけていた。

その一杯は白濁を抑えたタイプ。トッピングには、ほかでは見たことがない三角形の薄焼き玉子が載る。かつては海苔も載せていたが、いつの頃からか玉子だけになったという。一口する。見た目に違わず舌に優しくのった。

「鶏がらを使ってるのとか、和だしが入ってるのとか言われますが、豚骨だけです」と渡辺さん。さまざまな部位の豚骨を火加減を調整しながら炊く。そして丁寧に灰汁《あく》を取る。うま味が詰まった滋味スープは飲み進めてもくどくない。チャーシューの塩気をアクセントに、柔らかめの麺がするすると胃の中に入っていった。

平成26年、夫の正男さんが亡くなった。「味を維持していくのが難しい。でも今まで通りやるだけ」と、今は息子で3代目正人さんとともにのれんを守る。

近年、白壁が連なる街並みを目当てに観光客が増えてきた。当然、店名の由来を聞かれる機会が多くなったという。

「なんでペルー軒なんですか?」

そのように問われると、いつもこう答えている。

「詳しいことは分からんけど、ペルーに行っとったから、それでつけとります」

愛されるゆえの「公衆」
光華園（福岡県大牟田市）

こうかえん
福岡県大牟田市東新町1の5の10
☎0944-52-4573

現在は３代目で息子の原田泰行さんが中心となって店を切り盛りする。ラーメンは550円と安価で頑張る

「うまかったし、大将の麺上げもかっこよかったなぁ」。先日、福岡県大牟田市で育った作家、西村健さん（58）と話していた時、思い出のラーメン店の話題になった。小学生の頃、叔父に連れられて行ったのが出合い。中学に上がると帰宅途中の寄り道コースになったという。

店の名は「光華園」。ただ、西村さんはこう続けた。「みんな『便所ラーメン』とか『便所横ラーメン』って呼んでいましたよ」

交通量の多い交差点に店はあった。近づくにつれて豚骨の濃厚な香りが漂ってくる。出迎えてくれた原田五男さん（75）は、西村少年がその麺上げに見とれた大将だった。

原田さんによると、はっきりとしないが創業は昭和30年頃だという。「最初は父（重徳さん）の知人家族が営んでいたんよ」。ちょうどその当時の光華園の話を別の人物から聞いたことがある。佐賀県唐津市の名店「一竜軒」の宮崎ミツ子さんは、光華園で約3カ月修業し、昭和35年に福岡県福津市（当時は福間町）で

「ここや」を開業している。真一さんとの結婚を機に北九州市で一竜軒をオープンしたのだった（後に唐津に移転）。

原田さんは続ける。「でも、父の知人が体を壊したらしくうちが引き受けた。昭和30年代の終わり頃かな」。重徳さんが店の権利をバラックの建物ごと買い取ったそうだ。

屋号「光華園」も引き継いだが、「光華園と呼ぶ人なんてほとんどいなかったよ」と原田さん。隣に公衆便所があったため、店は既に「便所ラーメン」で通っており、その愛称も受け継ぐことになったのだ。

原田さんは高校生ながら店を任された。学校に通いながら厨房に立ち、前の経営者時代から働く従業員にラーメンづくりを学んだ。卒業後は若き2代目として店を完全に仕切るようになった。

今でこそ気さくな印象の原田さんだが、周囲に聞くと、昔は寡黙な職人タイプだったそうだ。「ラーメンはごまかしがきかんからね。とにかく努力しましたよ」

数年で土地を買い取ると次なる目標を「建て替え」に定めた。「さすがにバラックのままじゃいかんでしょ」。一日のほとんどが店の中。よそのラーメンを食べたことすらない。「自慢じゃないけど、最初の30年はずっと右肩上がりよ」

目標が実現することになったのは昭和が終わる頃だった。バラックをビルに建て替える準備をしていると、「ちょうど役所から連絡があってね」と原田さん。

公衆便所を管理する大牟田市からの連絡だった。老朽化のため解体することになり、「新ビルに公衆便所を取り込んでほしい」とお願いされた。うそのような話だが、市の担当者に確認すると「そのようです」。平成元年に5階建てのビルが完成。市の要望を受け入れ、ビルに公衆便所を併設した。昔からの愛称が変わる機会を逃した形になったわけだ。

ただ、原田さんは「便所ラーメン」という呼称を気にしていない。「これで親しまれてきたし、悪意があるわけではないから。バラック時代には台風の風よけになって助けてもらったしね」と笑う。

炭鉱でにぎわった街は変わった。かつて店の道向こうには、炭鉱関係の機械を製造してきた三井三池製作所の工場があった。跡地は今大型商業施設となり、人の流れも変わった。店も世代交代しつつある。厨房には長男泰行さん（39）の姿。「あとは息子がよかごとしてくれる」と温かなまなざしを向ける。

街と店を見守ってきた一杯。豚骨のみを強火で炊いただけあり、見た目から野性的である。骨っぽさが残るスープはやっぱり濃厚で、ちょっと太めの麺との絡みもいい。熟成臭も結構なもの。でも、九州で育った人であれば、このにおいを「くさい」とは思わないであろう。お客さんもひっきりなしで、かつて炭鉱労働者の胃袋を満たした味は、今は地域の味としてしっかり根付いているようだ。

食べ終えて店を見渡すと親子連れがいた。家族でラーメンをすすり、食べ終えた小学生らしき男の子は宿題を広げていた。この少年が親になれば子どもを連れてくるのだろうか？　地域に愛されるがゆえの光景に、そんなことを想像した。

白龍（福岡県須恵町）

ほかにない満足感

はくりゅう
福岡県須恵町旅石86の337
☎092-937-1212

左／阿川孝之さんは、妻ユカリさんの力も借りながら店を回す　右／ラーメンは650円。お得な替え玉も100円

「えっ、頼んでないですけど！」と、思わず口から出た。小学生の息子と一緒に「白龍」を訪れた時のこと。替え玉を注文したのだが、平らげたはずの具材まで載ったラーメンが届いたのだ。聞くと、1度目の替え玉の際はネギ、チャーシュー、スープまで追加される（上の写真）という。「すごい」。声を出したのは、息子ではなく僕の方だった。

ラーメンはあっさりタイプ。スープをすすると、豚骨だしの香りを塩味が引っ張ってくれる。麺はコシがあり、替え玉を頼みたくなる。息子を見やると「ラッキー」とチャーシューをほおばっている。その光景に自然と笑みがこぼれた。

「このサービス、正直に言えばやめたいんですよ」。取材すると、2代目店主の阿川孝之さん(46)は複雑な思いを打ち明けた。原材料費、人件費などあらゆるものが値上げラッシュの今、決して楽なサービスではない。でも僕らと同じように、多くのお客さんが驚き、そして笑顔になる。「売りにしたいわけじゃないけど、喜ぶ顔をみるとやめられなくて…。

母親の時代から続いているものですし」

創業は平成5年。高校1年生だった阿川さんは、母親の明美さん（74）から突然こう言われた。

「店するけんね」。明美さんは、その数年前から隣の志免町にあるラーメン店「幸龍」で働いており、独立してのれんを掲げることになったのだ。

屋号に「龍」を引き継いだ。ただ、味は違う。幸龍はどちらかといえば野性的なスープでこってりタイプ。「母も僕もラーメンよりうどん派。だからあっさり系なんです」と阿川さん。

今は交通量も多いが、開業当時は、周りは田んぼが目立った。明らかに商売に適した場所ではなかったが、偶然にも隣接する病院の改修工事があり、現場の作業員たちが食べに来てくれた。彼らを惹きつけたのは「盛りの良さ」と「メニューの豊富さ」だった。

明美さんは「いっぱい食べて満足してもらいたい」と採算など考えない。替え玉にネギとチャーシューを載せるサービスもこの頃からという。メニューもどんどん増えていく。カレー、炒め物、丼物、定食と、選択肢を充実させていった。

この日、僕らも家族でシェアするために唐揚げ単品（650円）、やきめし（600円）を頼んだ。配膳されると、思わず「多っ！」と口をそろえた。唐揚げ一つが五口サイズほどのデカさ。やきめしも普通の店だったら大盛りだ。

「大盤振る舞いでも最初は黒字だったそうです。ただ、工事が終わると赤字に転落したみたいで」

粕屋炭田で栄えた「炭鉱の町」にラーメンを広めた立役者は「三洋軒」とされる。元洋食シェフだった奈良博さんが博多の屋台からスタートさせ、昭和27年頃に志免町に移った。そこで味を習った西尾幸子さんが昭和46年に「喜龍」（同町）を創業。続いて西尾さんの親族が近くで「幸龍」を開いた。さらに広がり、一帯は「龍」がつく店が密集することから「ドラゴンロード」ともいわれる。白龍はその一つである。喜龍も、幸龍も、ラーメン屋さんというより、定食屋さんという言葉が似合う。「うちも炭鉱町の町中華って感じですかね」と阿川さん。

手伝いから始まり20年以上たつが、さまざまな変化を実感している。かつては全部のメニューをつくれる万能な〝パートのおばちゃん〟がいた。でも今はそうではない。替え玉や大盛りのサービスも採算を考えると年々厳しくなっている。

それでもご飯は1日4升仕込む。カレー、豚ニラ、レバニラ、唐揚げ…。常連さんそれぞれに〝推しメニュー〟があるから簡単にはやめられない。「盛り」と「メニューの豊富さ」はできる限り守るつもりだ。

「どれも家庭の味で、こだわり抜いたというわけではない。量の多さは自信のなさの裏返しかも。『しょうがない、白龍に行こう』で構わないんです」

冒頭の息子はといえば、替え玉を完食し、唐揚げ、やきめしも平らげた。その姿は「しょうがなく」ではなく、心から満足しているようだった。

ドラゴンロードの古参

喜龍（福岡県志免町）

福岡県糟屋郡を走る県道68号沿線はラーメン激戦区で、「ドラゴンロード」なる異名を持つ。その名の理由は、一帯にひしめく店の屋号から。福龍、扇龍、天龍、白龍、チェーン店の金龍まである。車で流してみると、確かに「龍（ドラゴン）」が付くラーメン屋が目立つ。

志免町の「喜龍」は、なかでも古参の一つである。店を訪ねると、まず豊富なメニューに目を奪われた。麺類だけではない。カレー、丼物。さらには野菜炒めなどの定食類も充実している。ドラゴンロード沿いの店は、なぜだかどこもメニューが多いのだ。

「品数が多いのは先代の母の頃からですよ」と、2代目の由利美枝さん（56）は言う。創業は昭和46年。母親の西尾幸子さんがのれんを掲げた。ラーメンに関しては全くの素人で、近くの「三洋軒」で習ったという。

ちなみに三洋軒は、志免を代表する老舗である。もともと博多の屋台から始まり、志免に移った後の昭和30年代初頭に店舗化。志免鉱業所で栄えた炭鉱の町で人気となった。現在、本店こそなくなったが、系譜にある店が郡内を中心に営業している。

「喜龍」という屋号は、幸子さんの叔父にあたる水田実さんがつけた。当時、由利さんは小学生になったばかり。「売れていたかは分からない」と言うが、ほどなく人気になったようだ。というのは、幸子さんの実弟、水田幸敏さんが喜龍で味を学び、数年後に近くで店を出したから。その名も「幸龍」。今でもドラゴンロード沿いの繁盛店である。

由利さんは「継ぐつもりなんて全くなかった」と言う。ただ、平成2年に父友介さんが亡くなり、仕事を辞めて店で働き始めた。平成14年には幸子さんが逝去。

「お客さんがいるので…」と、のれんを継いだ。

由利さんがつくるラーメンは「遠慮なく炊いた」という言葉がしっくりくる。スープは濃厚で力強い。五右衛門釜で豚骨と鶏がらを長時間炊いているのもうなずける。獣臭を感じながら、ずずっとすすった。食べるこちらも遠慮なく楽しめる。「教わったことを忠実にやっているだけ」と由利さんは謙遜する。

「ここは俺が払うけん、次はおまえね」。食べていると隣の客の話が聞こえてきた。連れの男性は「ここ払った方が得やん」と笑った。安さもこの店の魅力である。客のほとんどが常連で、うち9割方が「おいちゃん世代」という。「この先どうなるっちゃろか」と由利さんも笑う。

ラーメンの味は「龍」という強い言葉が似合う。ただ、この店の本質を突いているのは「喜」の方ではないかとも思う。

きりゅう
福岡県志免町別府2の14の7
☎092-935-2555

物価高の折にもかかわらずラーメン一杯500円。
お客さんの財布も喜ぶ値段設定である

いつも「何食べようか」
味のまるい（福岡県福津市）

あじのまるい
福岡県福津市宮司2の1の10
☎0940-52-1892

右／ラーメンはワンコインの500円。ありがたい　左／いつも店内は満席。次々に入る注文をさばいていく中嶋民也さん均一化していく地方を揶揄して「ファスト風土化」なる言葉が使われる。全国のチェーン店が並ぶ国道沿いの風景を見るにつけ、一面ではその通りなのだろう。でも地方に住む者としては反論したくなる。『味のまるい』があるでしょ」と。

店は、福津市の旧国道沿いのショッピングセンター敷地内。駐車場に車を止めた時点で既に香ばしい。においの元をたどるようにのれんをくぐると、店内は活気にあふれていた。ちゃんぽん、チキンライス、中華丼、野菜イタメ…。メニューもにぎやかで、厨房からは中華鍋の音が鳴り響く。かつては〝よくある〟食堂だったはずだ。

この日はラーメンに焼きめしと決めていた。厨房の2代目中嶋民也さん(52)は、注文を受けると、ピンっと背筋を伸ばし、卵、具材、ご飯を投入する。カン、カンっと一心不乱に鍋を振りつつ、時折目を閉じているようにも見えた。後で聞くと、「ああやって音を聞くのが心地良いのかもしれません」

ずっとこの場所にあるような佇まいだが、創業の地は別にあった。昭和45年、中嶋さんの父、俊東さんが旧津屋崎町に「まるい食堂」を構えた。もともとはトラック運転手。長女誕生を機に「危険が伴う」と新たな仕事を始めた。なぜ飲食なのか?「母方の祖父母がやっていたので」と中嶋さん。母親の満子さんの実家は福岡市博多区東比恵の商店街の一角で同じ名前の食堂を営んでいた。満子さんの父親は久留米出身で、メニューにはラーメンもあったそうだ。

津屋崎では、近くに人気店「宝来軒」(僕も大好きだった店で、鶏がらラーメンが絶品だった)があったこともあり、俊東さんは苦戦した。状況が変わったのは昭和53年。「寿屋津屋崎店」の開業に合わせ、今の場所に移ってからだ。客が増え、メニューを増やした。屋号も「味のまるい」にした。

中嶋さんは板前の修業を経て25歳で実家に戻っている。既に人気店。「職人かたぎで、怖くて有名だった」という父親の下で働いた。骨を入れるタイミング、火加減などで「違う」と怒鳴られる。それでも一つのことを決めていた。

「反発せずに全部聞く」

その父は18年近く前、帰らぬ人となった。とにかく怒られたが、それが指導だと身に染みるようになったのは最近のこと。「自分でやるようにならないと分からない」。父親の教えを踏まえながら、今は自分なりの味を見つけつつある。

そのラーメンは素朴な見た目で、口当たりはあっさり。そこに、豚に混ぜた鶏がらだしがふんわりと現れる。継ぎ足しゆえの奥行きもある。焼きめしは、おばあちゃんちで出てくるような懐かしさがあふれる。ところどころ焼き色が付いて香ばしい。店外のにおいはこれだったのか。最後はソースをかけて頂いた。

家族、親族で営み、人手不足は常となった。親子丼、カツ丼はやめてしまった。「こういう食堂スタイルが少なくなっているから、できるだけ長く守っていきたい」と中嶋さん。

満腹で店を出た。でももう、次は何を食べようかと考える。メニューの多様性、地方の多様性は、ずっと続くのがいい。

学生起業家の「やりたい」こと
武志（福岡県飯塚市）

店頭に立つ大井太暉さん。今も食べ歩きは続けており、「遠征時には１日８杯食べることもあります」

たけし
福岡県飯塚市下三緒311の35

中華蕎麦は1000円。固定メニュー以外にも全国のラーメンをオマージュしたラーメンを出す

「ラーメンがやりたいです」。母校の高校での教育実習中、西南学院大学4年生だった大井太暉さん（22）は思わず宣言した。大学生ながら既に「武志」を経営するラーメン店主。同時に「教師になりたい」という夢も捨てきれずにいた。ラーメンか、教師か。実習で指導教諭から中途半端な態度を見抜かれてしまう。「どっちを選ぶんか！」。そう問われ、口をついて出たのが冒頭の言葉だった。

「最初は就職までのつもりだったんですけど…」。武志を開いたのは令和3年、大学3年の秋。土日祝のみの月数回の営業で、店は卒業前に閉じるつもりだった。しかし、続けるうちに抜けられなくなる。鶏がら中華そばを中心に提供。お客さんにも好評で「福岡にはないラーメンを広めたい」との思いが膨らんだ。そんな状況での教育実習だった。

ラーメンの道に足を踏み入れたのは、大学2年春の米国留学がきっかけだ。「向こうの学生はとにかく楽しそう」。彼らは周囲を気にせず、自分の思いを優先していた。しかし、その生活はコロナで揺るがされる。学校は休校となり途中帰国。大井さんの人生も揺らいだ。やりたいことに挑んでいた米国の学生たち。翻って自分はどうなのか、と。

「その時に思い浮かんだのがラーメンだったんです」。高校時代から大のラーメン好き。食べ歩きが趣味で、日本中を巡ってきた。帰国したその足で「夢を語れ」（福岡市、現在は閉店）の門をたたく。働いていると、食べ歩きの量、ラーメンの知識に驚いた店主が提案してくれた。「定休日に店を使っていいよ」。

1年間で5回の間借り営業をした。「大学生の絶品ラーメン」として話題にもなった。「ラーメン熱がさらに高まって」。とうとう学生起業家として、地元飯塚に店を出すことになったのだ。

「東京や大阪でも『おいしい』と言われるラーメンが目標です」。見た目から麗しい一杯。スープをすすると、鶏と醤油のうま味が口に広がり、節系のだしが支える。このタイプの中華そばには、ストレート麺を合わせることが多いが、ここは違う。多加水の手打ち平麺は、端っこが波打っていて食感が楽しい。かみ込むと小麦の香りがふわり。ぬるっとしつつ、喉触りもよかった。

麺だけで半日かける。専業となったものの、週3回しか営業できない。「本当にこの道でいいのか」。卒業前に悩んだ時期もあった。背中を押してくれたのは両親だった。「好きなようにやりなさい」。ちなみに父親の名は「武志」である。

教師の道は選択しなかった。ただ、ラーメン店を始めたことで、中学や高校で講演する機会に恵まれている。伝えることは「やりたいことを素直にやろう」ということ。「教師の仕事もできているのかも」と笑う。

やりたいことをやる。それは、単純だけど難しい。でも実行するのは自分次第。職業も年齢も関係ない。大井さんの姿はそんなことを思い起こさせてくれた。

「無」が「有」を強調
来来（福岡県飯塚市）

ある冬の日の深夜、福岡市の自宅を出発した。八木山バイパス経由で到着したのは午前1時半。雨模様にもかかわらず、既に先客がいた。早朝にオープンする「来来」は深夜から行列ができている。週3日程度の営業で臨時休業もある。開いているかどうかは現地でしか分からない。そのハードルの高さは九州随一といってもいい。加えて、開店時間もどんどん早まっている。僕が初めて訪れたのは昼頃だった。何年か前に行った時は、朝7時に福岡を出て間に合った。その後も前倒しが続き、今は朝4時頃だという。

この日の開店は午前4時少し前、引き戸が開いて優しい声が届く。「どうぞ～」。このシチュエーションには、強面で無口な大将が似合うのだが、店主の池田さんは正反対。僕を含めて6人がカウンターに座ると〝池田劇場〟が始まる。待ち客もいるが、回転など気にしていない。池田さんとの会話も楽しみながら、一杯を小一時間かけて味わうのだ。

「昔からラーメン屋になるのが夢やったとですよ」と池田さんは語る。カウンターだけの、昔ながらの店が好み。「いいあんばいの接客、いいあんばいのラーメンがよかでしょうが」。この店は池田さんの好みが結実している。

平成25年に創業。誰かに学んだわけではない。佐賀、長崎で好きな店を十数軒回って修業を申し込んだというが、全て断られた。『1人でやってるから』とか、好きな店は全部そげんとですよ」

ラーメンが到着すると、みんなが一斉に無口になる。透き通ったスープ、きれいに整列した麺。載るのはチャーシューのみ。一口するとシンプルな中にも丸みを帯びた塩味、豚のうま味が輪郭を現す。少し歯ごたえを残した麺は舌触りよ

く、小麦の風味も楽しめる。

昔は今よりもっと白濁していた。どんどんクリアになり、ネギを添えるのもやめた。無駄をそぎ落とした一杯には、水墨画のような余白がある。その余白が「有」を強調してくれるのだ。

「修業しなくて結果的に良かった」とも言う。師匠がいれば、そこに近づかなければならない。「でも僕はちょっとずつはがしていく。ぶれるというか、あえてぶれさせている」。スープは取り切り。元だれもその日の分しかつくらない。「0から1にする。閉店して帰る時にリセットするのが好きなんです」

その言葉、腑に落ちる。味も、雰囲気も、池田さんのおしゃべりも含めて、まさに一期一会なのだから。店を出ると、まだ午前5時前。車で少し仮眠する。夢の中の出来事かとも思ったが、口の中にはラーメンの余韻が確かにあった。

らいらい
福岡県飯塚市片島1の3の38

クリア豚骨としてファンをうならせている一杯(700円)。前日の午後4時から仕込みをしてつくり上げている

寿司を食べながら
四方平（北九州市小倉北区）

よもへい
北九州市小倉北区京町1の2の22
☎093-521-0323

右／寿司にラーメンにとてきぱき働く弘法義一郎さん　左／ラーメン（600円）に細巻き１本が付いたセットは800円

沿岸部に工場群があり、駅近くには路地裏、そして旦過市場がある。シンボルの小倉城の隣には、なんとも現代的な商業施設が立つ。異質なものを併せ呑む、小倉にはそんな包容力を感じてしまう。この地で長く続く老舗「四方平」もそう。なにせ看板メニューはラーメンと寿司である。

のれんをくぐると右手のテーブル席で客がラーメンをすする。左を向けば、さらにのれんが掛かり、奥に寿司カウンターが現れた。2代目の弘法《こうぼう》義一郎さん(74)は、ラーメンをつくり、寿司を握る。ずっと前から二刀流だった。

「もともとは寿司屋ですよ」。創業は昭和12年。関西で修業した父、克己さんが井筒屋前で屋台を始めた。当時、小倉に箱寿司はあったが、江戸前の握りはなかったらしい。軍都で中央からの客が多かったからなのか、地元民にとっての珍しさからなのか、すぐに人気となり、店舗も構えた。「米は一日5升炊いていたそうですよ」

ただ、その賑わいも戦争によってかき消される。克己さんは兵隊に取られた。残された家族はところてんを作るなどして、なんとかのれんを守り抜いた。

戦後、台湾から引き揚げてきた克己さんだったが、「すぐに再開」とはいかなかった。「なにせ米がないのですから」と弘法さん。そこで克己さんは関西での修業時代に習った支那そばを出すことを思いつく。鶏がらベースの一杯は、珍しさもあって大ヒット。その後寿司を再開した時にラーメンを辞める選択肢はなかった。昭和24年に撮影した店の写真を見せてもらった。ラーメンと寿司屋の入り口は別々で、店内も仕切られていた。「寿司もラーメンも出前がよく出てましたよ」。店の上に住んでいた弘法さんは、その繁盛ぶりを子どもながらに記憶しているという。

僕が四方平を初めて訪れたのは十数年前だろうか。当時は外壁に「拉麺と寿司」と垂れ幕が掛かっていた。海外にある日本料理屋のような、なんとも言えない違和感は一口食べるとすぐに消えた。意外に合うのだ。今食べても同じ。基本は鶏がらで豚骨が少し混ざる。濁ったスープはだしの風味がありつつ、鶏のうま味がぐいっとくる。セットで選べる巻物は鉄火巻きにした。動物系とは違うさっぱりさがうれしい。

「豚でなく鶏がらだから寿司と合うんだと思います」。セットメニューを考案したのは、父親と同じく関西の寿司屋、ラーメン屋で学んだ弘法さんだ。このセットが評判になったからなのか、いつしか入口は一つになり、店内の仕切りも取り払われた。

「寿司とラーメン。どっちが好きですか?」。最後に弘法さんにちょっと意地悪な質問をした。少し間を置いて「両方かな」と笑った。ラーメンのサイドメニューとして巻物や握りを食べるのもいい。寿司の〆にラーメンをすするのもいい。包容力ある小倉の街にぴったりな店である。

札幌の味噌はいい
麺屋玄（北九州市小倉北区）

強火で手際よく調理する中川雄一さん。一杯つくるたびに炎が上がる。ラーメンは最後まで熱々だ

めんやげん
北九州市小倉北区江南町7の1
☎093-922-7511

ラーメンは味噌、塩、醤油がある。各900円。「普通の（豚骨）ラーメンないんか」と最初のころは言われたそう中学生の頃だろうか。札幌に行った際、「純連」で味噌ラーメンを食べた。ラーメンといえば、豚骨のみだった時代に濃厚で熱々のスープは本当にうまかった。

「麺屋玄」の店主、中川雄一さん（39）も僕と似た経験をしたという。27歳の頃、札幌の「麺屋彩未」で味噌ラーメンを食べ、同じように感動したそうだ。

説明を加えると、昭和39年、村中明子さんが創業したのが「純連」（最初は「すみれ」今は「じゅんれん」と読む）。平成元年に村中さんの息子が「すみれ」を出し、両店の流れにある店は「純すみ系」として全国に広がっている。彩未もその一つ。すみれで修業した奥雅彦さんが平成12年にオープンした。

彩未の一杯を食べた中川さんは感動するだけの僕とは違った。福岡に戻るとすぐに「修業させてください」と電話で直訴したのだ。

当時は地元小倉で働くサラリーマン。しかし、体調面からやりたい仕事との折り合いが付かずに退職を決めていた。そこで出合った彩未の一杯は「むちゃくちゃうまくてレンゲが止まらない。気付くとスープがないんです」。ただ電話口では「募集していない」と門前払い。それでも諦めずに手紙をしたためた。

再度連絡。師匠となる奥雅彦さんと話せた。仕事のこと、生まれたばかりの子どものことを伝えると、師匠は受け入れてくれた。修業中は、見よう見まねで技を盗んだ。休みの日は客として食べに行った。仕事はとにかく厳しい。でも「自分の店を持つ」との思いが勝った。

「福岡はやめな」。独立の見通しが立った頃、純すみ系の店主の集まりで先輩たちから言われた。北海道から福岡に進出した味噌ラーメン店は既にいくつかあったが、どこも長続きしていなかったからだ。でも、師匠は違った。「みんなが辞めろと言うものをやった方がいい」。そっと背中を押してくれた。

話を聞いていると、師匠への尊敬の念が伝わってくる。平成26年夏、オープンの日には札幌から駆けつけ、「おいしかった」と言ってくれた。「お世辞かもだけどうれしかった」と振り返る。

味噌ラーメンを注文する。中川さんは熱した中華鍋に具材を入れた。スープの上澄みを垂らすと一気に炎が上がる。強火で手早くつくった一杯には、香ばしさが閉じ込められている。熱々なのでゆっくりとしか口に運べない。だけれど、スープのうま味とコクはぐいぐいと伝わってくる。福岡で食べる味噌ラーメンとは違う現地伝来の味は、僕自身の中学時代の感動を呼び起こしてくれた。ちなみに麺は札幌の「森住製麺」謹製だ。

師匠に学んだことの一つが、修業には終わりがない、そして〝おいしい〟にも終わりがないこと。開業時は彩未と同じだったが、「師匠も変えるので」と味噌の種類も変えた。いろいろな材料も試しては使っている。

27歳の頃に感動した味。それを受け継ぎ、さらなる高みを目指して日々厨房に立つ。師匠は今でも定期的に札幌から来てくれ、そのたびに「おいしい」と言ってくれる。まだお世辞が含まれているかもしれない。でも、着実に、確実に、「おいしい」は増していると自負している。

味だけではない〝濃さ〟
丸和前ラーメン（北九州市小倉北区）

丼を受け取ると、見ただけで濃厚だと分かった。褐色スープで表面は艶やかな脂を纏う。すすってみると思った通りの濃さで、塩味も獣臭も力強い。変化球なしの直球勝負。「丸和前ラーメン」の一杯には、そんな潔さがある。

2代目古賀妙子さんによると、創業は昭和35年頃だという。先代は両親である光末功さん、節子さん夫婦。最初はおでん屋台としてスタートし、ほどなくラーメンも出すようになった。

功さんはもともと大工で、おでんは知り合いの屋台「ささ屋」から習った。ラーメンは久留米の老舗「丸星」に客として通いながら、味を研究したらしい。当時小学生だった古賀さんは毎週のように連れられて行った。今では考えられないが、「店で食べた後は一升瓶にスープを入れて持ち帰っていました」と言う。

両親のラーメンはすぐに人気となり、屋号を付ける暇もなかった。旦過市場入り口にあったスーパー「丸和」閉店後のシャッター前が定位置。ゆえに客からは「丸和前」と呼ばれるようになった。スーパー側に許可を得たわけではない。それでも丸和の創業者が「人気店だからいいよ」と言ったとか。そんな逸話もこの店らしい。

昭和54年には丸和がスーパーとして全国初の24時間営業を開始。シャッターが降りなくなったため、屋台は定位置から少しだけ移動した。周辺の屋台には昔から「酒はNG」（自主規制らしい）という不文律があった。そのため平成22年には、近くに店舗を構えて酒の提供を開始した。コロナ禍以降は屋台は出さず、店舗中心の営業にしている。

時がたち、スーパー丸和は事業承継され、「ゆめマート小倉」に名前が変わった。それでも地域からは変わらずに「丸和前」と呼ばれている。

「うちはずっとこのまま。受け継いだスープも変えるつもりはないし、このラーメン、ほかじゃつくりきらんでしょ」と古賀さんは話す。

ちなみに、僕にとっての「丸和前」の思い出は別のところにある。もう20年近く前になるだろうか。初めて屋台を訪れた夜、ぞうきんを手渡されて戸惑った。カウンターは満席。入りきれずに周りでラーメンを食べている客の手にもぞうきんが。意味を理解した僕もぞうきんを受け皿に一杯を頂いた。「丼を直接持つと熱いでしょ。それと『そろそろラーメンが来るよ』の合図。ぞうきんラーメンとも呼ばれてましたね」

味だけでなく、店の〝濃さ〟も魅力である。大火災を経験した旦過市場。一帯は今後変わっていくのだろうが、「らしさ」はぶれずに残ってほしいと願う。

まるわまえらーめん
北九州市小倉北区中島4の2の2
☎093-962-4064

小倉で飲むと〆に食べてしまうラーメン（850円）。屋台時代からのおでん（タコ以外は170円）も必ず注文する

両親から姉弟に
月天（北九州市小倉北区）

「げってんはった」。わが息子がまだ幼い頃の話。言うことを聞かずに、泣きじゃくる姿を見て、（僕の）両親はそう言った。げってん？ 両親の出身地である北九州地域の方言で「癇癪を起こす」の意味らしい。この時、僕の頭の中にはある店が思い浮かんでいた。北九州市小倉北区の「月天」である。

店の外から既に香ばしい。店内では中原直美さんがテキパキとホールを仕切る。厨房で鍋を振るのは泰博さん（56）。匂いの元は彼がつくる焼きめしなのだ。

この2人、夫婦にも思えるが、実は姉弟だ。直美さんは「私たちの関係を推測するひそひそ話が聞こえてくるんです」。予想はほぼ2通り。直美さんが家の娘で泰博さんは婿養子。もしくは、泰博さんが主人で直美さんは気の強い嫁。いずれも〝はずれ〟だが、直美さんの存在感がすごいのは間違いない。「そんな話を聞くのも、この仕事の楽しみなんです」と笑い飛ばす。

創業は昭和45年、両親の静男さん、良恵さんで始めた。もともと静男さんは戸畑区に住むサラリーマン。ところが体調を崩して長期入院を強いられ、良恵さんが商売をすることになった。戸畑のラーメン店で修業。小倉で創業したのは「いい物件があったから」。場所は変わったが、ちゃんぽんには今も戸畑独特の蒸し麺を使っている。

復帰した静男さんと良恵さんは寝る間も惜しんで働いた。幼い姉弟には、働き詰めの両親の姿が目に焼き付いている。「楽をしてほしい」と代替わりしたのは20年ほど前。以来、仕込みは毎朝6時から。でも泰博さんは「マイペースでできるから自分に合っている」と話す。

ここではやはりラーメンと焼きめしのセット一択。ラーメンのスープはあっさり。豚骨がメインだが、鶏だしの風味が立つ。そして焼きめし。脂をまとった米一粒一粒がぐいぐいとうま味を伝えてくる。ラーメン、焼きめし、ラーメン…と交互に口に運んび、一気に平らげた。

ちなみに屋号を決めたのは中津出身の静男さん。「げってん」は北九州だけでなく、大分県北でも使われ、「頑固者」といった意味もある。

「父は頑固で人付き合いも少ない。それは僕が受け継いでいる。姉は母と似て社交的です」と泰博さん。一方の直美さんは「弟なしに商売は成り立たない」と感謝する。タイプが違えど仲が良いのは「子どもの頃、両親が忙しくてずっと一緒にいたからかな」と直美さん。

今、2人は店を回す立場。両親と同じく「頑固おやじ」と「接客上手なおかみ」コンビで、受け継いだ味を守り抜く。

げってん
北九州市小倉北区田町18の9
☎093-581-0393

多くの客が焼きめしも頼む。ラーメンと焼きめしセットは1150円。ラーメン単品は600円。午後3時頃には売り切れる

愛情込めた「あのラーメン」

圭順（北九州市門司区）

けいじゅん
北九州市門司区黄金町10の25
☎093-371-0113

右／田中洋一さんは「サラリーマンの大変さを知っているので、できるだけ安くしたい」
左／このうまさでラーメン（600円）は安い

脱サラしてオープンした時の思いは店名に表れている。長男圭哉さん、次男順也さん。2人の頭文字から「圭順」とした。大将の田中洋一さん（64）は言う。「勤め人時代は土日もずっと仕事。子どもにもっと愛情を注ぎたかった」

そんな思いが芽生えたのは、自分自身も親からの愛情を存分に受けたから。圭順のラーメンは洋一さんの父、孝助さんとの思い出が詰まった一杯でもある。

振り返ると父親は常に人生の道標だった。孝助さんは今でいうカーディーラーに勤務。小学生だった洋一少年は、たびたび職場に遊びに行った。時は昭和40年初め、モータリゼーション興隆期。「2000GTがあって、とにかく格好よかったなあ」。父の背中を追うように同じ車関係の仕事を選んだ。がむしゃらに働き、2人の息子にも恵まれた。

「扇の要のような存在でした」。最愛の父が他界したのは平成11年のこと。2人の息子は小学生になっていた。道標を失ったことは、仕事だけに向いていた自身の人生を見つめ直すきっかけとなった。

「仕事に嫌気がさしていた時期で、脱サラを考えたんです。何かやるならおやじと食べた〃あのラーメン〃しかないと」

あのラーメンとは宮崎真一さん、ミツ子さん夫婦が昭和40年に創業した「一竜軒」（北九州市）の一杯だ。父親の職場近くにあり、よく食べた。その味は格別で「おやじとお風呂に入っていた時に『あのラーメン屋さんをしたい』って話したこともありました」と思い出す。

洋一さんが追い求め、つくり続けてきた一杯をいただく。褐色のスープが丼の縁まで並々と注がれている。口当たりはワイルドで濃厚な印象。だが、豚骨と鶏がらだしが、柔らかさと甘みを伴って広がっていく。ちょっとコシを残したストレート麺との相性もいい。そして獣感あふれる余韻が続く。かつて一竜軒（7年前に閉業）を食べたことがあるが、この余韻に共通点を感じる。

「やはり一竜軒に似ていると言われたらうれしいんですよ」

とはいえ、修業したわけではない。仕事を辞めた後、佐賀県唐津市に移っていた一竜軒を訪ねた。宮崎さんに弟子入りを志願したが、「簡単には教えられん」。それでも諦めずに何度も通うと、態度は徐々に変わった。厨房に入り、宮崎さんの隣で見ることだけは許されたのだ。

骨を炊く時間、スープの継ぎ足し方、塩や醤油の分量などつくり方を頭にたたき込んだ。スープを持って帰らせてもらい、自宅で試行錯誤を続けた。

圭順のオープンは平成17年。最初の10年は苦労したという。それでも常連客は着実に増えた。一竜軒の名前を出したことはなかったが、「似てる」と言われることも。口コミで評判が広がり、いつしか行列店となっていた。

1度、宮崎さんが来てくれ、帰り際「おいしかった」と声を掛けてもらった。宮崎さんには父親の姿も重なるといい「本当にうれしくて、涙が出ました」

大好きだった父と食べた大好きなラーメン。その味を追い求めた末に行き着いた一杯。そこには、父親への愛情も、父としての子どもへの愛情も入っている。その思いは食べ手にも伝わる。

佐賀の味を北九州で クモノウエ（北九州市八幡西区）

数々の「難しい」に挑んできた岩下輝さんは僕と同い年。年齢に関係なく挑戦する姿に刺激をもらっています

くものうえ
北九州市八幡西区鷹の巣1の19の7
☎093-622-8330

「いちげん。」経由で仕入れた佐賀産の海苔と、佐賀ラーメンらしい生卵をトッピングした「のり玉ラーメン」（990円）

ほどよく脂をまとったスープにチャーシュー、海苔と生卵が載る。「うまいよ」と言わんばかりのルックスである。食べると確かにおいしい。滋味深さがありつつ、グイグイと押す攻撃性もある。途中で海苔を溶かし、終盤は大事に取っていた卵黄を崩す。野性的なスープに磯の香りが華開き、甘みとコクが重なり合った。

この一杯を提供するのは北九州市八幡西区の「クモノウエ」。オーナーの岩下輝さん（46）が佐賀市の「いちげん。」で習い、令和3年9月にオープンした。開店直後から、佐賀の人気店直伝の味が評判を呼び、連日客が詰めかけている。

この日も満席で列ができるほど。万事快調に思えたが、試行錯誤の最中でもあった。「開店時のスープが良くても、その後狙った濃度をキープできないんです」と岩下さん。「あーでもない、こーでもない」とスープに向かい合う。師匠の内田健市さんには毎日電話で相談している。「難しいですよ。でもだから楽しいし、ハマるんです」。この言葉通り、岩下さんは数々の「難しい」を乗り越えてきた。

元自衛隊員。先輩と行ったうどん店「津田屋官兵衛」（小倉南区）にはまった。「うどん屋をしたい」と思うようになり、大将の横山和弘さんに修業を申し込むが「弟子は取ってない」と拒まれた。

それでも諦めなかった。何度目のことだろうか。「口では断られたけど、最後に握手をしてくれたんです」。後で尋ねると「おまえの人生を頑張れ」というエールだったが、岩下さんは「一緒にやろう」と受け取り、その勢いで自衛隊を辞めた。当時20代後半で子持ち。修業するつもりで目の前に現れた岩下さんに、横山さんも首を縦に振るしかなかった。

「うどんの技術はもちろん、人間として惚れた」という師匠の下で1年修業し、平成20年に八幡西区に「うどん満月」を立ち上げた。「麺づくりもうまくいかない。だからハマっちゃって」。楽しい仕事は結果も付いてくる。満月は繁盛した。

ラーメンの世界へ飛び込んだのは令和になってからのことだ。「20年来の知り合いの（内田）健市大将が人手不足で困っていたので」と岩下さんは振り返る。毎朝佐賀まで駆けつけ、昼すぎまで手伝う。夜は自分の店の営業のために北九州に戻る。そんな生活を続けているうちに内田さんから声をかけられた。「全部教えるけん、ラーメン屋やってみらんね」

うどん屋をやりながら、ラーメン屋を営む。岩下さんは、新たな「難しい」に挑戦することにした。

内田さんは佐賀ラーメンの源流につながる「もとむら」（旧・鍋島一休軒）の出身。北九州の地で佐賀ラーメンを出すことに不安はなかったという。「佐賀ラーメンを食べるとどこか懐かしいんです」。北九州出身の岩下さんはそう語る。

実際、佐賀と北九州のラーメンには浅からぬ縁がある。白濁豚骨の発祥は、終戦直後に久留米で誕生した屋台「三九」。その創業者と跡継ぎはそれぞれ北九州と佐賀に店を移してラーメンを広めたのだ。

佐賀と北九州をつなぐ新たな一杯。今後も試行錯誤を重ね、歴史として語られる日が来るかもしれない。これも「難しい」ことだけれど。

「わが命削ったスープ」
南京ラーメン　黒門（北九州市若松区）

なんきんらーめん　くろもん
北九州市若松区青葉台南3の1の5
☎093-777-4688

左／未明からこの厨房で過ごす川内久門さん
右／渾身の一杯は800円。おにぎり（50円）もとにかくおいしいので必須

「一番おすすめの店はどこですか」。そんな質問をよく投げかけられるが、答えは一択。「黒門」と決まっている。すると「どこにあるんですか」とくるから、「北九州の若松。車でしか行けませんよ」と返す。この時点で9割方は「福岡市内では?」と話の流れを変えてくる。でも実際に行く人もいて、その感想は間違いなくこうだ。「おいしかった〜」

「決して良い場所ではないです」と店主の川内久門さん(64)も認める。若松といっても、中心部でも駅近くでもない。遠賀川に近い住宅街の一角。しかも、大通りから入ったところだから「偶然立ち寄る」というようなことはないだろう。

店自体は平成15年に福岡県遠賀町で始まった。当時も住宅地にあったが、駐車場がなかったため8年前に今の場所に移っている。「こっちも立地はよくないけど駐車場があったから。自分の腕に自信を持てた時期だったから場所は関係ないと思ってね」。その見通しは間違っていなかった。移転後も人気は衰えない。それどころか増していった。

店内に入ると1枚の写真(左ページ)が飾ってあるのに気付く。そこには、かつて北九州市八幡東区にあった名店「黒木」の大将黒木政徳さん(故人)の姿が納まっている。昭和30年に屋台から始まった黒木は、通称「南京ラーメン」として多くのファンに支持されてきた。

地元出身の川内さんもその一人で、中学生の頃から通い始めた。年間500杯を食べるほどの「ラーメンフリーク」だったサラリーマン時代は朝昼晩食べたこともある。「ずっと食べていたい」。そんな思いを抱きつつ、高齢の黒木さんに後継者がいないことも知っていた。ある日、思い切ってぶつけてみた。

「作り方を教えてほしい」

最初は断られたが諦めなかった。食べに行くたびにお願いした。何十回目だろうか。黒木さんも根負けしたのか、仕込みを見ることを許してくれた。

とはいえ逐一教えてはくれない。「とにかく見て覚えろですよ」。仕事の傍ら、朝早く店に行き、骨の下ごしらえ、火加減、所作までを頭にたたき込んだ。水の量を知るために同じバケツを買ったこともある。そんな生活を続けること2年半、ようやく自分の店を持つ。屋号は「南京ラーメン　黒門」。その誕生を見届けた翌年、黒木はのれんを下ろしている。

営業は昼の4時間のみだが、毎日午前2時半に仕込みは始まる。ベースは黒木。マイナーチェンジは今も続き、取材の2週間前にも水の量を変えたという。

創業して20年以上。自身も年を重ねたが、黒木と同様に後継者はいない。習おうとやって来る人もいるが続かない。「夜中に仕込みを見にくる人はいない。自分なら夜中でも行きますけどね」

黒木から伝わる一杯は、滋味でありながら重層的な豚骨だしを感じさせる。味付け最小限のチャーシュー。こまかく刻んだアサツキ、細くそろえられたシナチク。根切りされたもやし。具材も隙がなく、繊細な味を崩さない。そして食感豊かにゆでられた麺が合う。これからも一番おすすめの店であり続けるのだろう。

「わが命を削っていますからね」と川内さん。その言葉、本当に分かる。

黒木政徳さん

山形・ワンタンメンの満月

青森、津軽・長尾中華そば

札幌・すみれ

九州以外のご当地、〇〇系ラーメン

●札幌ラーメン

大正11年創業の「竹家食堂」が始まり。中国人を雇って肉絲麺《ロースーメン》を提供。「できあがり」の際のかけ声「好了《ハオラー》」から転じて「ラーメン」と呼びはじめ、その呼称の発祥の店とされる。味噌ラーメンの始まりは昭和30年ごろ「味の三平」から。「純蓮」、「すみれ」（写真、新横浜ラーメン博物館で出された復活メニュー）をルーツとする、ラードに覆われた濃厚味噌ラーメンは純すみ系と呼ばれる。

●青森・津軽ラーメン

煮干しがキリッと効いた醤油スープに中華麺を合わせる。無かん水麺を使うこともある。作家の内田百閒の紀行文「阿房列車」には昭和26年に青森駅近くで「ラアメン」を食べた話が載っている。現在はあっさり系だけでなく、濃厚煮干しも人気。熊本市の「麺商人」は青森・津軽の味を提供。写真は東京・神田の「長尾中華そば」。

●山形ラーメン

中華そば世帯支出額において全国トップの常連となっているラーメン県。自家製麺が盛んな酒田、縮れ麺が特徴の米沢のほか、夏季も人気の冷やしラーメン文化もある。隣の新潟県も「燕三条背脂ラーメン」や「長岡生姜醤油ラーメン」などラーメンどこ

喜多方、白河・とら食堂

ラーメン二郎・三田本店

家系ラーメン・吉村家

ろとして知られる。写真は東京・三鷹の酒田ラーメン「ワンタンメンの満月」。

●喜多方・白河ラーメン

喜多方ラーメンは、大正末期に中国から来た青年が始めた屋台「源来軒」が元祖とされる。透明感ある豚骨、鶏がらスープが特徴。多加水の平打ち手揉み麺を合わせる。朝に食べる「朝ラー」文化も健在。同じ福島県内には白河ラーメンも。こちらは燻した叉焼が特徴。福岡市には白河ラーメンの代表格「とら食堂」分店（写真）がある。

●ラーメン二郎

昭和43年、山田拓美さんが目黒で創業。慶應大学そばに移転し、今も「三田本店」として営業する。極太麺と極厚チャーシュー、山盛りのもやし、キャベツが載る（写真）。個人的には吉祥寺の二郎が思い出の味だった。本家を模した店は二郎系、インスパイア系といわれ、福岡市では「ラーメンピース」「麺家菊二朗」など多数存在している。

●家系ラーメン

昭和49年に吉村実さんが横浜で開業した「吉村家」が始まり。輩出した弟子たちが「〇〇家」とのれんを掲げ、いつしか「家系」というジャンルができあがった。吉村家の一杯（写真）は豚骨醤油に鶏油《チーユ》を合わせたスープ。燻した叉焼、ほうれん草、大判の海苔3枚が基本。もっちりかみ応えのある麺は酒井製麺のもの。近年、九州でも家系の勢いはすごいが、吉村家直系は福岡市の「内田家」のみ。

高井田・光洋軒

竹岡式・梅乃家

丸長系・荻窪丸長中華そば店

●丸長系

昭和22年、長野県出身のそば職人5人が東京・荻窪で中華そば「丸長」を始めた。その後「丸長」「丸信」「栄楽」「大勝軒」「栄龍軒」としてそれぞれ独立。大勝軒には山岸一雄さんも在籍し、「東池袋大勝軒」をオープンさせた。山岸さんがメニュー化し、つけ麺の元祖といわれる「特製もりそば」は、丸長の賄いとして食べられていた。荻窪の丸長中華そば店（写真）は閉業したが、店同士が情報交換、交流をする「丸長のれん会」なる組織がある。

●竹岡式ラーメン

千葉県内房エリアの漁師町で食べられてきたラーメン。古参の一つ「梅乃家」（昭和29年創業）の一杯（写真）は、漆黒のスープが丼ぎりぎりまで注がれ、分厚いチャーシューとタマネギが載る。スープはダシをとっておらず、チャーシューの煮汁をお湯で割っただけ。しかも麺は乾麺を使う。漁師町の簡単メニューだが、豚肉のエキスをまとった醤油味は美味。お酒はなぜだか梅割が出てくる。

●高井田ラーメン

大阪市東部や東大阪市西部で食べられているご当地の味。バス停「高井田」周辺に店ができたことからそう呼ばれる。代表するのは、昭和28年に始まった「光洋軒」（写真）とその3年後に開業した「住吉」。鶏がらと昆布のスープは、甘辛い醤油味が主張する。合わさるのは極太のストレート麺。店で食べていると持ち帰り客が多いことに驚く、まさに地元に愛されるラーメンである。

尾道・萬友

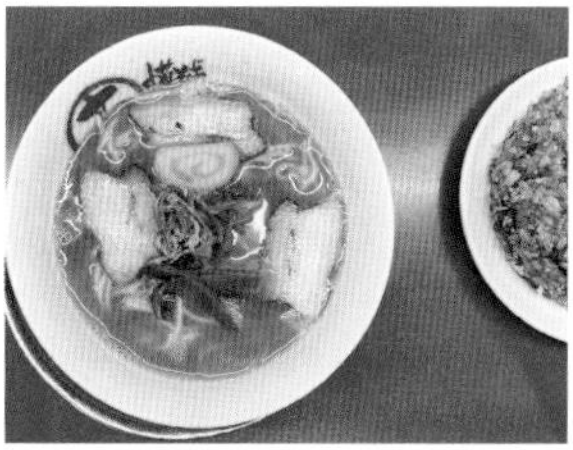
和歌山・丸高中華そば

京都鶏白湯・極鶏

●京都鶏白湯

全国に展開する「天下一品」（昭和46年創業）の発祥地でもあり、鶏がらと野菜を煮込んだ粘度高めの鶏白湯ラーメンが食べられている。同じく昭和46年に創業した「天天有」も人気で、福岡県粕屋町には天天有の親類が営む「天天，有」がある。写真は京都でもトップクラスの濃度を誇る「極鶏」の一杯。京都ではほかにも、濃口醤油の「新福菜館」、背脂が入った鶏がら醤油の「ますたに」など、特徴あるご当地ラーメンが存在感を示している。

●和歌山ラーメン

昭和28年創業の「井出商店」は醤油だれと合わせた豚骨スープで人気の店。平成10年に新横浜ラーメン博物館に出店して、ご当地ラーメンブームの嚆矢《こうし》となった。和歌山には「井出系」のほか「車庫前系」が存在する。車庫前系の始まりは戦前に屋台で始まった「本家アロチ丸高」。写真は、その丸高の流れをくむ「丸高中華そば」で、神戸の地で和歌山ラーメンを広めている。

●尾道ラーメン

ほんのり甘めの醤油スープに平麺が合わさり、背脂を浮かべるのが特徴。台湾出身の店主が終戦直後に屋台から始めた「朱華園」が代表格だったが、今は閉業した（現在は親族が「朱」として味を引き継いでいる）。同じく老舗の「つたふじ」は魚介だしも感じられるスープが人気で盛業中。福岡県太宰府市に尾道ラーメンを出す「萬友」（写真）がある。

佐賀、長崎県

名物の味噌　支える豚骨

東洋軒（佐賀市）

とうようけん
佐賀市水ヶ江1の5の7
☎0952-23-4859

左／「ラーメンはシンプルだから手は抜けん」と牛島キヨ子さん　右／豚骨ラーメン（650円）と味噌ラーメン（800円）が二大メニューだ

佐賀城跡のほとりを歩いたのは、佐賀市に勤務していた時以来だから十数年ぶりだろうか。街並みはすっかり変わっていた。まず市民会館がない。県立病院もなくなっているが、こちらは移転したらしい。心なしか空き地も目立つ。それでも「東洋軒」は以前のまま。店先には名物である味噌ラーメンの幟《のぼり》が風に揺らいでいた。

深紅のカウンター席に腰を下ろし、さっそく看板メニューを注文した。店主の牛島キヨ子さん（79）の動きは慣れたもの。羽釜に麺を投入し、同時にひき肉ともやしを炒める。香ばしい匂いだけで既においしい。頃合いを見計らってスープを注ぎ、そこに湯切りした麺、具材を盛り付けた。

まずは麺から。札幌の西山製麺所から取り寄せた卵麺は、風味豊かで噛み込むたびにうまい。一方、スープは北海道で食べるような力強さはない。味噌のパンチは控えめで、土台のスープの深みを感じさせる。

「豚骨スープを使っているんですよ」。

牛島さんは見透かしたように言う。味噌ラーメンを提供し始めたのは二十数年前のこと。それまでは豚骨専門店だった。

昭和33年、牛島さんの夫、憲治さんの両親である禎二さん、ヨシエさん夫婦が親戚から店を継いだ。福岡県久留米市出身の親戚は、佐賀県内で東洋軒という名のラーメン屋さんを数軒営んでいたという。多久市にある老舗・東洋軒（本書194ページ）もその一つである。

当時は久留米から佐賀市にラーメンが入ってきた時期と重なる。白濁豚骨の発祥は西鉄久留米駅前の屋台「三九」で、創業者、杉野勝見さんの弟が昭和30年に佐賀で「三九軒」を開業している。杉野さんから久留米の三九を継いだ四ケ所日出光さんはその翌年、佐賀に店を移している。豚骨の黎明期に牛島さんの親戚も商機を求めて佐賀に来たのかもしれない。

牛島さんは昭和42年に嫁ぐとすぐに厨房に入った。店がある「新道商店街」に活気があった時代。官公庁や県立病院からは出前が殺到し、憲治さんとともに義父母を支えた。ただ平成に入ると街も社会も変わる。ほかの地方都市と同じように中心部の空洞化が進んだ。病院への出前は禁止され、昼食時間がきっちりと定められるようになった官公庁からの注文は激減した。

「豚骨一本じゃやっていけんと思ってね」。そこで考案したのが味噌ラーメンだった。北海道出身の常連客から製麺所を聞き、豚骨と合うように数々の味噌を試した。最初は全然売れなかった。しかしインターネットの普及とともに評判が広がる。今では味噌目当てに県外からも客が訪れるようになっている。

「でもね」と、牛島さんは言う。「味噌ラーメン屋と思われてるけど違うとよ。豚骨もおいしかよ」。昔からの常連は豚骨しか食べない人も多い。注文の数は味噌と豚骨で半々という。そこまで言われて頼まない選択肢はない。配膳された一杯は老舗らしいさらっとした白濁スープ。口に含むと見た目に違わず軽やかだった。

「昔は脂でギトギトだった。でも変えたとよ」。昭和50年頃、夜食の出前をしていた県立病院の医師たちから「もっとあっさりにして」と要望された。背脂を入れるのをやめた。うま味を閉じ込めるため、より長い時間炊くようにした。

話を聞き、再びスープをすする。確かにあっさりだけれど、奥から豚骨の優しいだしが顔を出す。その滋味深いだしこそが、味噌ラーメンの奥深さを支えているのだ。

平成15年、憲治さんが他界した。それでも店を辞めることは考えなかったという。毎日小さな体で大きな寸胴を抱える。味噌と豚骨の二つのメニューを掲げ、鍋を振り、麺を上げ続けてきた。『味を残さんといかん』って、お客さんが言いんさっとですよ」。その言葉が牛島さんを突き動かしているような気がする。

満腹で店を出た。口の周りからはほのかな豚骨の香りが漂う。いつもは煩わしいマスクだが、こんな時は悪くない。かばんから取り出して装着し、その余韻を閉じ込めた。

人気はうどんの倍以上
うどんの佐賀県（佐賀市）

うどんのさがけん
佐賀市高木瀬西5の14の34
☎0952-30-0246

右／ラーメン単品490円、ラーメンAセットも760円と格安　左／一人で店を回す竹林晃さんは「昼時お待たせして申し訳ないです」

「うどん県に改名いたします」。香川県がそう宣言して話題になったのは十数年前のこと。さすが名物讃岐うどん。今、その名はしっかり根付いているようだ。ただ僕は「うどん県」と聞くたびにある店のことを思い浮かべてしまう。佐賀市にある「うどんの佐賀県」。今回はうどん県よりずっと古い店の歴史をひもといてみたい。

長崎道・佐賀大和インターにつながる国道沿いに立地する。店内はいかにも「大衆食堂」の佇まい。うどん300円、ラーメン490円。価格もさることながら、麺類のほかに丼物、カレーまでそろったメニュー構成にも食堂の自負を感じる。「一番出るのはラーメン。うどんの倍以上売れます」と店主の竹林晃さん(63)。屋号に「うどん」を掲げながらラーメンの方が有名な店でもあるのだ。

さっそくラーメンを注文した。口当たりはあっさり。でもその奥に豚骨の獣感

が閉じ込められている。手づくり感あふれる味は以前のままだった。「食堂のラーメンなんて期待できない」という考えの方もいるかもしれない。この一杯はそんな先入観を吹き飛ばしてくれる。

　でも、なぜこの屋号？　竹林さんは答えてくれた。「最初はうどん屋さんだったんですよ」

　昭和51年、竹林さんの両親である広海さん、イワコさん夫婦が始めた。大阪のうどん店で働いていたイワコさんがつくるかつおだしの関西風うどんが売りで、屋号は「一度聞いたら忘れん名前を」と広海さんが付けた。

　普通のうどん店に変化が訪れたのは数年がたったころ。当時、近くの工業団地の人たちが毎日のように来てくれた。ところがメニューはうどんを含め3種類ほど。「せめて1週間違うものを食べられるように」とメニューを増やし始める。その一つがラーメンだった。

　味は広海さんの弟、龍水さんに習った。兄弟は佐賀生まれの北九州育ち。龍水さんは北九州市の戸畑でラーメン店「幸龍」を創業し、その頃は佐賀県神埼市に移って店を構えていた。古い骨に新しい骨を交ぜていくつくり方を踏襲。食堂のおいしいラーメンは、うどんをしのぐ人気となった。

　広海さんは平成10年に他界した。イワコさんは十数年前に仕込み作業を引退し、今は体調を崩している。竹林さんは、父親のラーメンと母親のうどんを受け継いだというわけだ。

「Aセットちょうだ〜い」。取材中にお客さんの声が響いた。

　Aセットとはラーメンにミニ焼きめしが付く1番人気のメニュー。竹林さんは厨房へ。ほどなくして「お待ちどおさま〜」。できあがった焼きめしに目を奪われた。ミニじゃない…。

　使うご飯の量は３００グラム（茶わん2杯分）。単品だとその倍の量を使うというから驚きだ。

　大盛りは両親の思いでもある。『おなかすかせとるからご飯は大盛りにせろ』。それがおやじの口癖でしたから」。かつて広海さんは八幡製鉄所に勤務していた。食堂で大盛りの丼飯をかき込む後輩たちの姿が忘れられなかったそうだ。

　イワコさんにもこだわりがあった。竹林さんには大学進学以降ずっと県外で暮らす兄がいる。「母の口癖は『うちの子が誰のお世話になってるのか分からん』でした」。年格好の似たお客さんのご飯は必ず大盛りだった。

　「うまい、安い、多い」が売りの食堂にとって厳しい時代だという。チェーン店が増え、宅配弁当店もライバルになった。それでいて消費者の財布のひもは固くなるばかり。「大手と価格勝負はできない。かといって量を減らすのも…」。竹林さんの悩みをよそに、くだんの客はAセットをきれいに平らげて満足そうに帰っていった。

　「値上げしてもいいと思いますよ」。取材の最後に本音を伝えた。

母子でつくる佐賀の味
駅前ラーメン　ビッグワン（佐賀市）

えきまえらーめん　びっぐわん
佐賀市駅前中央1の13の16
☎0952-30-8212

右／佐賀らしい生卵入りラーメンは730円　左／「『辞めて楽すれば』とも言われるけど、私の体はそがんことできんとです」と野田鈴子さん

ＪＲ佐賀駅北口を出て、右に曲がると豚骨のにおいが漂ってきた。においの元に向かう。駅からちょうど60歩。入り口には「佐賀ラーメン」と書かれた幟《のぼり》が立っていた。店の名は「駅前ラーメンビッグワン」である。

「おやじが王貞治さんの大ファンだったので」。カウンター席に囲まれた厨房で、2代目の野田光基さん（54）は名の由来を教えてくれた。

創業は昭和58年。もともと駅前の別の場所で父親の晃さんがゲームセンターを営んでいた。ところが近くに新しい建物ができるのを知り、「商売敵が入ると困る」と場所を押さえた。当時、北口界隈には飲食店が少なかった。そんなこともあって、始めたのがラーメン店だった。店頭の幟の通り、その頃からずっと佐賀の味にこだわっている。昔ながらの製法でスープをつくり、今では使われることが少なくなった平ざるで麺上げをする。佐賀ラーメンらしく、替え玉はない。

さっそく一杯を注文した。あっさりではあるが、豚骨だしがしっかりと感じられる。その優しい味わいを塩味が支え、柔めの麺との相性も良い。そしてこれも佐賀では定番の生卵のトッピング。途中まで崩さぬように食べ進める。残り3分の1ほどの時点で箸を入れて崩す。味が変わって楽しい。

「いらっしゃいませー」。食べている途中、お客さんが入ってくるたびに声をかけ、水を準備する女性に目が行く。母親の鈴子さん（80）はとにかく働き者だ。手が空いた時に、創業時からの歴史を教えてくれた。

開業を決めた後、夫の晃さんとともにラーメンを食べ歩いた。「福岡、久留米も行った。でも私たちはやっぱり佐賀ラーメンが好きやった」。佐賀の職人を雇い入れて、味を受け継いだ。しかしその矢先のこと。晃さんに病気が見つかり、帰らぬ人となった。

ゲームセンターは手放した。子どもたちを育てながら、ラーメンづくりを学んだ。ただ、職人は言葉で教えてくれるわけではない。「見て盗む」を繰り返した。「ざっとなかよ（楽ではない）。一生懸命覚えた。でもつらいと思ったことは一度もない」。そう言いながら厨房を見やった。「子どもたちが継いでくれて本当にありがたい。幸せですよ」

光基さんは10代の終わりから厨房に入り、今は弟とともに店を仕切っている。入りたての頃は職人もまだいた。鈴子さんからも技を盗んだ。その頃からつくり方は変えていない。ただ、光基さんによると、同じ手法、材料でも味は絶対に変わる。それでも「『変わらないね』と言われるようにせないかん」。そんな光基さんはラーメンづくりを「一生修業」と表現する。「どの仕事でも一緒でしょ。朝から晩までやるだけ。勉強をやめたらそこで終わりですよ」

店名には王さんにちなんでもう一つ意味が込められている。「ナンバーワンになりたい」。光基さんのストイックな姿勢が分かる気がした。

「引き出す」味とは テルテルラーメン（佐賀市）

厨房に立つ石橋泰幾さん。隣は妻の富代さんと
義娘の静沙さん。昼営業を始めてくれて感謝！
佐賀らしい一杯でおすすめです

てるてるらーめん
佐賀市大財1の5の1
☎0952-26-9628

長年の経験と、日々の手間暇によってつくられたラーメン（600円）。うっすら濁ったスープが食欲をそそる

「スープだけですすってみてください」。取材の途中、「テルテルラーメン」の店主、石橋泰幾さん（72）はそう言って丼を準備した。元だれや調味料を入れ、羽釜からスープを注ぐ。「5番だしまでが混ざっています」。れんげで一口すすった。麺も具もないからスープに集中できる。まろやかな舌触り。味わいはあっさりで派手さはないが、芯はしっかり。じんわりながら立体感とコクがあった。

豚骨しか使っていない。前日の朝から炊き始め、1番だしが取れたのは深夜2時。それからひたすらスープと向かい合って2番から5番だしまで取ったという。僕がいただいたのは夕方のスープ。あっさりながら、芯があるのは時間をかけてじっくりと煮出したからなのだろう。

佐賀市随一の歓楽街、愛敬町にある店はもともと大衆食堂から始まっている。昭和30年代に石橋さんの母、栄子さんが「かわばた食堂」を創業。うどんやおでん、定食などを提供し、お酒も飲めた。ただ、時代は高度成長期の只中で、飲食をめぐる状況も変化していた。「飲食店が増え、スナックもできた。食堂が徐々に廃れていきました」。そこで考えたのがラーメン専門店への転換だった。

味のルーツは佐賀市にあった「来幸軒」（昭和34年創業、現在は閉業）。栄子さんが知り合いだった縁で、店主から直接教わった。昭和51年、看板をテルテルラーメンに掛け替える。夜のみの営業とし、お酒の提供は止めた。締めの一杯の店としてスタートを切った。

「私がここで働きだしたのは29歳、ラーメン屋になって3年後のことです」。サラリーマンをしていた大阪から佐賀に戻った石橋さんを待っていたのはスープの奥深さだった。

最初の5年は悩み抜いた。来幸軒の師匠に極意を聞いたり、母親に質問をぶつけたり。ただ同じレシピでも同じ味にはならない。湿度、気温によっても変わる。豚骨自体もそれぞれ品質が違う。「辞書ができるくらいやったですよ」

経験を積んだ今も、その辞書に「完璧」という言葉はない。「失敗の歴史です。失敗を通じて培った勘どころがすべて。経験の中でしか生み出されない。僕らの世界はね」

客とは呑気なものだ。そんな思いも知らずにここのラーメンをすすった思い出がある。佐賀に住んでいた十数年前、愛敬町でよく飲んだ。決まって最後は麺になる。いちばん星、幸陽軒、成竜軒などがある中、ここも選択肢の一つだった。

取材の最後に久しぶりの一杯を頂く。やはり完成品はいい。麺が入ることで尖っていた塩味もまろやかになった。佐賀らしい麺との絡みも抜群だ。

「私の最終章ですよ」と石橋さんは言う。もともと70歳で辞める予定だった。ところがその直前のコロナで休業を余儀なくされた。そのまま閉業することもできたが「常連さんに何も言わんで閉めたのが申し訳なくて…」。2年半の休業をへて再開。体力も考え、深夜営業はやめ、代わりに昼営業を始めた。確かに締めだけにするにはもったいない一杯だ。

いつまでできるか分からない。「完璧はないけど、いい味を引き出したいね」。引き出す。いい言葉だと思った。

これぞ佐賀ちゃんぽん

若柳（佐賀市）

思い込みというものは、案外、簡単に抜け出せる。異論があるかもしれないが、そう考えるようになったのは、自分の経験があるからだ。昔、ちゃんぽんと言えば、長崎と信じて疑わなかった。でも今、僕にとってちゃんぽんは佐賀。きっかけは15年ほど前、佐賀市の「若柳」を食べてからである。

いつもは豚肉ちゃんぽん、時々、牛肉ちゃんぽんを頼む。うどんのメニュー札も下がるが、女将の中村保代さん（76）は「うどんの準備は5食くらい。あとは皆ちゃんぽんよ」と言う。

そのちゃんぽんは鶏がらのみで、豚骨は使っていない。とろみがなく、あっさりとしたスープ。一方、長年継ぎ足しながらつくっているためか獣感や深みもある。具材は長崎とは違う。「においがつくから」とエビやイカなど魚介類はなし。「水分が出るから」とキャベツも入れない。すっきり、キレのある味の秘訣はここにある。

「創業90年よ」。中村さんは変わらず威勢がいい。昭和8年に中村さんの義父の亀作さんが始めた。昭和10年に出前先に送った請求書には「洋食品、丼類、支那うどん、生そば若柳」とあった。支那うどんはちゃんぽんのこと。亀作さんが長崎でつくり方を学び、佐賀の人たちの舌に合わせた一品は1番人気だったという。

佐賀では戦前から、酒が飲めて、食事もできる「食堂文化」が華開いた。大正から昭和の初めにかけて、春駒、大ばかもり食堂、志げる食堂（どれも閉業）などが開業。若柳はその一つだった。戦後、佐賀に久留米から豚骨ラーメンがやってくる。ちゃんぽんを出していた店が、軒並みラーメン店にくら替えする中で、若柳はちゃんぽんにこだわった。

昆布とカツオの和だしと鶏がらスープに薄口醤油。具材に「昔はぜいたく品やった」という魚のすり身と卵の蒸し物「あべかわ」を載せる。亀作さんから、中村さんの夫・新さん（83）へ。さらに2代目から、息子である3代目の優さん（46）へと、その味は伝わっている。

つくり方はずっと変わらないが、飲食を取り巻く状況は変わった。食堂文化は廃れた。飲食店は増え、競争は激しくなった。それでも中村さんは「１００年は続けんばね。息子ががんでんすっやろ」と楽観的だ。

「儲かりはせん。でも、つくるもんの変わっと、おいしなかごとなっさ。家族でやってきたし、これからもそう」

その言葉を聞いて安堵した。若柳は周りを気にせず「今まで通り」を貫く。継ぎ足しスープの鶏がらちゃんぽんは、これからも深みを増していくのだろう。

わかやなぎ
佐賀市材木2の2の1
☎0952-23-8204

豚肉ちゃんぽん（800円）の具材はシャキシャキ。だからなのか、スープのうま味をしっかり感じることができる

じんわり日常の味

東洋軒（佐賀県多久市）

食べた瞬間「うまい！」とすぐに声が出るタイプではない。一口目はまずうま味が舌に乗っかる。口の中で広がり鼻から抜けていくまで、徐々にしみていく。2口、3口、4口…。「ああ、うまいなぁ」とようやく心の中でつぶやく。そんなタイプのラーメンだ。

JR多久駅のすぐそばの哀愁あふれる建物に入居する。店内には漫画が置いてあり、テレビからはワイドショーが流れる。客席では湯気を浴びながらみんなおいしそうにラーメンをすすっている。生活の延長線上にあるような普通の感じがとてもいい。

その感じはラーメンにも当てはまる。別に気取ったわけではない。日常に溶け込んだ一杯。柔らかい豚骨だしのスープに合わさるのは、柔めの麺。派手に主張するタイプではない。ただ、奥には豚骨の存在感がしっかり。芯の強さが感じられる。

創業者は、豚骨ラーメン発祥の地である福岡・久留米の人物。昭和32年、その創業者から現店主、川内深さん（72）の父親がのれんを買い取ったそうだ。創業者はほかにも佐賀、長崎県内で東洋軒を数店経営していた。現在も営業しているのは佐賀市の「東洋軒」（こちらは創業者と親戚関係、本書178ページで紹介）。言われてみれば、確かに柔らかい豚骨だしの口当たりは似ている気がする。

現在は静かな街だけれど、創業当時の多久は炭鉱景気に沸いていた。店の裏には映画館が2軒。人であふれたという。東洋軒は深夜まで営業し、炭坑夫たちも多く訪れた。「一見怖そうで豪快だけど、みんな優しかったね」と川内さん。時代は変わり、今は窓越しにボタ山が見えるだけ。それでも川内さんは変わらぬ一杯をつくっている。

ただ、近年はまわりの反応が変わってきつつある。派手さはないけれど、じんわりとしみるラーメンの良さが浸透してきている。川内さんは「『福岡に出してくれんね』と言われることもあります」と言う。決してアクセスは良くないが、休日には県外からの客も多く訪れる。

ゆで卵ではなく、生卵の黄身を入れるのが佐賀ラーメンの特徴である。ルーツは久留米といえども、今は佐賀の味。ここでのトッピングはもちろん生卵だ。僕はいつも3分の2ほど食べ進めた時点で黄身を崩して溶け込ませる。この日もそうした。

「まろやかになるでしょ」。隣で見ていた川内さんは言った。昼飯は毎日ラーメンという。「好きけんが飽きん」

その言葉に思わずうなずいた。

とうようけん
佐賀県多久市北多久町大字小侍813
☎0952-75-3848

川内深さんが「使うのは豚骨のみ。炊き過ぎんごとしとります」というラーメン（500円）はあっさりタイプ

ラーメンの鬼の系譜

らぁ麺むらまさ（佐賀県唐津市）

塩（一の塩）も醤油（マッキン醸造）も唐津のもの。鶏がらはみつせ鶏を使う。透き通ったスープからは凝縮したうま味が感じられ、なめらかな麺ともよく合う。「らぁ麺むらまさ」の一杯は地元食材にこだわる。ただ、成り立ちをたどると、横浜から話を始めないといけない。

きっかけは15年ほど前、横浜市内のスナックで交わした言葉だ。「唐津のご当地ラーメンをやりませんか」。造園会社「グリーンアーツ」（唐津市）の村山昌治社長（65）は、新横浜ラーメン博物館（横浜市、ラー博）の岩岡洋志館長（64）からそう言われたのを今も覚えている。

ラー博は国内外のラーメン店が集まるフードパーク。道向かいに系列の商業施設があり、その建設にグリーンアーツが関わったことで2人は親交を深めていた。当時、建設不況で異業種参入を模索していた村山さんは心動かされた。

プロデューサーも決まっていた。横浜の「支那そばや」（昭和61年創業）店主で「ラーメンの鬼」としてテレビでも活躍した佐野実さんだ。最初村山さんはたじろいだ。「でも、テレビでの印象と違い、優しく情のある方でした」。佐野さんには何度も唐津に足を運んで食材探しをしてもらった。社員を横浜で修業させ、平成21年にラー博に出店。翌年唐津に凱旋した。

順風満帆にも思えたが、5年目となる平成26年は試練の年となった。4月に佐野さんが63歳で逝去。加えて横浜で学んだ店長も店を去ることに。年末には休業に追い込まれた。

助け舟を出したのは佐野さんの妻しおりさんだった。「佐野が力を込めてつくっていた。なくなるのはさみしい」と、経験豊富な職人を紹介してくれた。

その職人から引き継ぎ、現在は久富靖悦さん（47）が店長を務める。大砲ラーメンを出発点に、支那そばやで経験を積み、銀座篝《かがり》でも働いたことがある久富さん。「ラーメンの話をするときは本当に楽しそう。気を使われる方だった」と佐野さんのことを思い出す。

久富さんによると、むらまさの一杯は、支那そばやのラーメンに比べると、鶏がらと豚骨のバランスでいえば豚骨が多めだという。「新ご当地ラーメン」と銘打って生まれ、15年の時をへて、今や地元にしっかりと根付いている。

佐野さんと佐賀の縁は深い。佐野さんは有田焼の丼を使った。鳥栖にはのれん分けの「支那そばや鳥栖店」や佐野さんを師と仰ぐオーナー経営の「中華そば　みのる」がある。昔ながらの佐賀豚骨もいい。一方で支那そばや系のラーメンも楽しめる。やはり佐賀はおもしろい。

らぁめんむらまさ
佐賀県唐津市菜畑3609の2
☎0955-74-3213

佐野さんが探した地元食材、レシピでつくった塩らぁ麺（730円）。醤油らぁ麺も同額で提供されている

場所を継ぐこととは
竜里（佐賀県唐津市）

九州の麺好きにとって「一竜軒」は伝説の店といっていいだろう。北九州と唐津で半世紀営業。ファンに愛されたが、平成28年末に惜しまれながらのれんを下ろした。その建物と味を受け継いだのが「竜里」である。

JR唐津駅から徒歩15分ほどで「竜里」と書かれた看板が見えてくる。近づくと、その脇に「一」という漢字の跡が残る。「閉店後に外された文字看板の跡です」とは竜里の大将、小島康志さん(57)。看板自体は欲しがる常連に譲ったというから、人気のほどがうかがえる。

まずは一竜軒の話から始めよう。創業者は宮崎真一さんとミツ子さん。昭和40年、JR南小倉駅近くで開業。行列店になったが平成元年に閉店。宮崎さんの古里・唐津に戻った夫婦は、その2年後に店を再開する。そこで宮崎さんが訪れたのが、小島さんの家業の製麺所だった。「『太めでかん水の少ない麺を』ってオーダーでした」と小島さんは振り返る。

「卸先」から「師匠」へと関係が変わったのは平成27年のこと。設備投資直後に大口の顧客を失い、経営が行き詰まっていた。たまらず宮崎さんに相談すると「ラーメン屋やってみる?」。言葉に甘え、製麺業を続けながら、ラーメンの世界に飛び込んだ。いずれ店を出そうと、仕込みや営業中の厨房に入らせてもらい、師匠の動きを頭にたたき込んだ。

忘れられない日がある。翌年12月30日、納品に行くと宮崎さんが「今日で辞める」と打ち明けてきた。夫婦はすでに70代終盤で、体力的な問題もあった。年が明けると「この場所でやったら?」。覚悟が決まった。製麺業から離れ、平成29年3月に竜里を始めた。「竜」はもちろん一竜軒からもらった。唐津の一光軒、北九州の一真軒、圭順など、宮崎さんから教えを受け、各地で活躍するラーメン職人はほかにもいる。一竜軒があった場所に敬意を表して「里」を合わせた。

名店の跡地の苦労は多かったようだ。「大将の顔が違う」といぶかる人、外に出て看板を確かめる人…。それでも時に師匠に助言をもらいながら、自分なりのラーメンを追求した。

キャリアは7年を超え、厨房の姿もさまになってきた。丼の縁ぎりぎりまでスープが注がれていてワイルドな見た目。「師匠より濃いめにつくっています」と小島さん。すすってみると確かに力強い。もっちりしたエッジのある麺がスープを運び、一体化して口に収まっていく。

武骨さ強めの竜里らしい味ではあるが、この場所、この建物で食べるラーメンには、やはり一竜軒の一杯を重ねてしまう。

りゅうざと
佐賀県唐津市菜畑4070の2
☎0955-73-4920

ワイルドなルックスの一杯にはうま味が詰まっている。写真は大盛りラーメン（710円）に卵黄（60円）をトッピング

名物ラーメンの源流は
餃子会館（佐賀県武雄市）

ぎょうざかいかん
佐賀県武雄市武雄町富岡12397の1
☎0954-22-3472

右／野田千代子さんは注文される「ホワイト餃子」（550円）を手際よく焼いていく
左／「もしもしラーメン」は650円

佐賀県武雄市の国道34号線。交通量の多い幹線道路から一筋入ったところに「餃子会館」はのれんを掲げる。平成29年に市の中心部から移転。真新しい建物には、二つの看板メニューが記されていた。その名も「ホワイト餃子」と「もしもしラーメン」。ずいぶんと変わったネーミングだが、地元では長年ソウルフードとして愛されている。

「もともとは『精養軒』という名前のラーメン専門店でした」。女将の野田千代子さん（68）はそう話す。始めたのは義父、辰一さん（故人）。昭和47年、突然「商売をやる」と脱サラした。味を学んだのは佐賀市の「精養軒」。昭和34年創業の老舗で味を習得。屋号ももらって武雄温泉街近くに店を構えた。

とはいえ、その名はあまり根付かなかったようだ。間口一間半の小さな店は、ほとんどが電話注文の出前客。加えて隣には電電公社（現NTT）があった。「だから『もしもしラーメン』なんです」と千代子さん。人気となるにつれて通り名の方が定着し、メニューも書き換えた。

〈もしもし、もしもしラーメンですか？　もしもしラーメンください。〉そんな電話で客と笑い合ったのはいい思い出だ。

「ホワイト餃子」を始めたのは昭和50年のこと。ある日、辰一さんは千葉県野田市発祥の一風変わった餃子を雑誌で見つけた。俵のような形。たっぷりの油で揚げるように焼かれた大ぶりの品。中国人の白さんから教わったことから「ホワイト餃子」と名付けられ、関東を中心に人気を集めていた。

　思い立ったら行動は早い。辰一さんは、長男で千代子さんの夫、一成さん（70）を野田市の「ホワイト餃子」本店に送り込んだ。半年ほど住み込みで働いた一成さんは、その味を武雄に持ち帰った。

　その際、手狭な店を市役所近くに移している。スレート造りの平屋での再スタート。同じ頃、武雄市に文化会館が完成したことから「文化会館みたいに大きくなれ」。そんな願望を込め、屋号を「精養軒」から「餃子会館」に変えた。

　「でも餃子は全く売れなくて…」。客は食べたことのない味に戸惑ったようだ。「1時間で50個食べたら無料」といったさまざまなイベントを仕掛けた。その甲斐あってか、数年かけてラーメンと並ぶ看板メニューに。昭和60年には店舗兼住居ビルを建てた。十数年前、僕が初めてこのビルを訪れた時に驚いたことがある。ずらりと並ぶ有名人のサイン色紙の横に、地元の中高生たちの寄せ書き色紙が飾られていたのだ。地域を愛し、地域から愛される姿を象徴していた。

　看板メニューを両方頂く。まずは餃子。カリッと焼かれた皮をかみ込むと意外にもっちり。白菜、キャベツなどの野菜がいっぱい詰まった餡はさくっとして相性がいい。ラーメンはさらりとした白濁スープ。パンチはない。ただ、しっかりした豚骨のだしが鼻の奥をくすぐってくる。この優しさに、しなやかな麺がまた合う。福岡の豚骨に慣れていると「薄い」とか「麺が柔い」とか言う向きもあるかもしれない。しかし、薄いのではなく滋味深いのであり、スープと馴染むこの麺の柔らかさがいいのだ。

　「精養軒の面影がある」とも思った。佐賀市の名店・精養軒は、半透明のスープが魅力的な一杯だった。ただ、平成27年に閉業。少し前には、その味を学んだ店主が東京・浅草で「美登里」を開業したが、残念ながら店を閉じている。それだけに「もしもしラーメン」は貴重な一杯なのである。

　冒頭で書いたように餃子会館は再度移転している。西九州新幹線が敷地を通ることになり、ビルは取り壊しになったのだ。今の店からは国道沿いの様子がうかがえた。ドラッグストアなどチェーン店が多く、どの地方都市にでもあるような風景に思えた。一方で、目の前の看板メニュー。餃子の皮も餡も、ラーメンのスープも麺もすべて手づくりにこだわる。地方が画一化していく時代だからこそ「ここにしかない味」に惹かれる。

名キャッチコピーが二つ
来久軒（佐賀県武雄市）

らいきゅうけん
佐賀県武雄市武雄町4190の2
☎0954-22-2522

右／奥安弘さんは「洋食より豚骨ラーメンの方が難しい」と言う　左／さっぱりうまいラーメンは700円

〝コクがあるのに、キレがある〟

昭和60年代初頭のアサヒビールのキャッチコピーを久しぶりに聞いた。その言葉を口にしたのは佐賀県武雄市にある「来久軒」店主の奥安弘さん（77）。曰く「うちのラーメンはこの言葉を目指してるんですよ」

確かに、言わんとすることは分かる。見た目はしっかり白濁で、口に含むと豚骨のだしがぐいっとくる。まろやかで濃厚、でもスッキリしているのだ。奥さんは続ける。「洋食のノウハウがあるからでしょうね」

奥さんは地元の武雄高校を卒業後、料理の世界に入った。ジャンルは洋食。名古屋のホテルを皮切りに全国で腕を磨いた。昭和47年には独立。当然洋食屋と思いきや、何と焼き鳥屋だった。

「武雄は田舎。洋食ではだめでしょ」

そこで運命の出会いをすることになる。「三夜待に誘われて」と奥さんは言う。三夜待？　聞き返すと、陰暦の23日夜に催される月待行事のこと。武雄では近しい者で飲みの席を設けるのだという。集まったのは高校の同窓生。そのうちの一人が佐賀県内でラーメン店を展開する「喰道楽」創業者の平川比登士さんだった。

昭和48年に旧北方町で創業したばかりの喰道楽は、すでに忙しいらしかった。平川さんから「人手が必要」と頼まれ、焼き鳥屋と掛け持ちしながら厨房に入るようになる。人気ぶりは予想以上で「焼き鳥よりラーメン」と即断。すぐに店の場所探しを始めた。

元だれのつくり方や骨の炊き方は習った。それからは洋食のコックとして腕の見せ所だ。「佐賀はコクだけではだめ、キレがないと。そいぎ、つくり方を変えたんよ」。骨の種類と量、火加減を調整。ポタージュ、コンソメのスープの取り方も参考にした。

出店場所に選んだのは「御船山楽園」のすぐそば。市街地から離れた立地ではあるものの、佐賀から長崎へと抜ける幹線道路なのだという。当時は長崎自動車道がつながっておらず、今より交通量が多かった。「すぐに売れて、昭和50年に創業したのに3年後には増築ですよ」と振り返る。

建て増した部分につくったスープ場を案内してもらった。四つの大きな羽釜が並び、それぞれに時間差で炊いたスープが入っている。古いものと新しいものを継ぎ足しながらスープを完成させる。久留米の呼び戻し系スープの製法と似ているように思った。そう伝えると「久留米系は骨を混ぜるところもある。でもうちは全く混ぜない。骨を崩さないように炊くんです」。すっきりとしたキレの理由の一つかもしれない。

〝なにも足さない。なにも引かない〟

奥さんの座右の銘だという。真意は自分自身の味を信じて貫くということらしい。「真似をして潰れた店はいっぱいある。よそのを食べたらおいしく感じるから、他の店には行かないね」

ちなみにこの座右の銘は、サントリーウイスキー山崎のキャッチコピーである。

人生の再出発叶えた一杯
松福（佐賀県鹿島市）

クリーミーな見た目のラーメン（玉子入りで700円）とカレー（650円）は創業時の二大メニューだ

しょうふく
佐賀県鹿島市高津原1841

「飲食をやりたかったんですよ」と松本義信さん。お孫さんの話になると自然と笑顔になるのが印象的だった

「もともとはサラリーマン。だから商売は不安でしたよ」。御年89歳になる松本義信さんは創業時のことをそう振り返った。佐賀県鹿島市に「松福」ののれんを掲げたのは昭和56年だから、脱サラは47歳の時になる。よくよく考えてみれば、人生の再スタートにはちょっと遅い気もした。

そんな僕を見透かしたように、隣にいた妻の佐智子さん（82）が口を挟む。

「そりゃ心配しましたよ。でも『ここで男になれ！』と思ってね」

「手軽に食べられるものにしたい」と、ラーメンとカレーを提供することに決めた。佐賀市の老舗「一休軒」出身の職人からラーメンを、カレーは鹿島市内の割烹で習った。屋号は「福を招く」と自身の名字をかけている。

縁起のいい屋号のおかげ、というわけではないのだろうがスタートから順調だった。『半年も続かん』って地元の人にはあきれられたんだけどね」と松本さん。最初は出前が中心。役場や農協など地元の人たちが支えてくれた。一方の佐智子さんは「自分が選択した道。男はやり通す。営業を始めたら心配はなかったですよ」と頼もしい。

まずはラーメンをいただく。スープは、しみじみ味の佐賀らしさがあり、一休軒系というのもうなずける。ただ、昔ながらの佐賀ラーメンよりも、クリーミーで濃厚さが際立っていた。松本さんは言う。

「味は自分に合わせて変わっていきますから。最初とは全然違いますよ」

今では「松福＝ラーメン」と認識されているものの、カレー人気も根強い。長時間煮込み、熟成させたカレーは、うま味が強く、濃厚。家庭の味とも違っておいしかった。

かくしゃくと働く松本さんだが、一代限りでのれんをおろすつもりだったという。「でもお客さんが続けてって言うからね」。最近値上げをしたらしいが、背中を押してくれたのもお客さんだった。『そろそろ上げていいんじゃない』と心配して催促してくるんですよ」と笑う。

「長く続いてほしい」という思いは、松本さんの息子、義憲さん（45）にも共通している。

「おやじの年齢のこともある。小さい頃から好きだったこのラーメンがなくなったら困る。じゃあ自分でつくったらいつまでも食べられると思ったんです」

父親の味を引き継ぎ、昔ながらの平ざるで麺上げをする。現在は2代目として厨房を仕切っている。

それでも、松本さんは佐智子さんとともに変わらずに店に立つ。「ここにいるのは元気のもとだから。あと孫のおかげもありますね」。孫の一人は女子野球界で活躍する松本里乃さん。祖父がつくるラーメンに対する彼女の愛のメッセージが店の壁に書かれていた。

取材中、時折息子さんの麺上げの加勢をしていた松本さん。その姿はなんだか楽しそう。人生の再スタートは何歳からでも遅くはない。

ちゃんぽんが誕生
中華料理四海樓（長崎市）

ちゅうかりょうりしかいろう
長崎市松が枝町4の5
☎095-822-1296

右／具材の錦糸卵が見た目を艶っぽくしてくれるちゃんぽんは1320円　左／その一杯を「文化」という陳優継さん

「落地生根《らくちせいこん》」という中国の言葉がある。古里から離れた地で根を張るとの意味で、この言葉を胸に異国で生きる人も多い。福建省出身の陳平順《ちんへいじゅん》もその一人。19歳で長崎に渡り、ちゃんぽん発祥の中華レストラン「四海樓」を開いた。戦禍を乗り越え、その味は脈々と伝わっている。

大浦天主堂の程近く、豪奢なビルが目印だ。5階まで上がって、長崎湾が望める大広間に通される。テーブルに着き、さっそく名物のちゃんぽんを注文した。

スープから頂いた。まずは炒めた具の香ばしさが立つ。そして鶏がら、豚骨のだしが舌を包む。コシと風味のある麺もいい。豚肉だけでなく、イカ、エビも贅沢に使う。「この一杯は、受けた善意を次の世代に渡す『恩送り』という曽祖父の理念を具現化したものと思っています」。テーブルにやってきた平順のひ孫で4代目の優継さん（58）はそう語る。

平順が来日したのは明治25年。裸一貫の若者は同郷の貿易商を頼った。住まいや金銭の援助を受けて生活基盤をつくり、反物の行商で資金を蓄えた。来日7年目、

四海楼を創業した。

開業後、すぐに「恩送り」を実践したそうだ。多くの中国留学生の身元引受人になり、彼らのために安くてボリュームのある料理を考えた。古里の豚肉入りの麺料理「湯肉絲麺《トンニィシイメン》」をイメージし、長崎の野菜、魚介類を採り入れて「支那饂《う》飩《どん》」として売り出すと大ヒット。これがちゃんぽんのルーツというわけだ。

「明治の終わり頃までには、ちゃんぽんという呼び名が定着したようです」と優継さん。由来は諸説あるが「飯を食べる」という意の福建語「吃飯《シャポン》」が有力。明治40年刊行の「長崎県紀要」には「書生の好物」として市内に十数店舗ある、と記される。

ちゃんぽんの存在を全国に知らしめたのは中央の文人たちの存在が大きい。その代表格が斎藤茂吉である。

四海楼に陳玉《ちんぎょく》といふをとめ居りよく
よく今日も見つつかへり来《く》

大正８年、医師で歌人の茂吉はそんな歌を詠んだ。当時、長崎医学専門学校教授として長崎に居住。「かがやくやうに美しかった」と書くなど、平順の長女で看板娘の玉姫に入れ込んでいたようだ。

茂吉は芥川龍之介、菊池寛を連れてきた。ほかにも坪内逍遥、吉井勇、辻潤らが訪れ、ちゃんぽんを食している。大正、昭和初期はさながら文化サロンのようだった。ただ、暗い時代の足音は着実に近づいていた。

満州事変、日中戦争と続く中、華僑への風当たりは強くなる。「それでも誰一人として祖国に帰ろうとはしなかった。長崎の人を信じていたからだと思う」と優継さん。昭和19年に一時廃業。翌年には空襲での延焼を防ぐ「建物疎開」の対象に。２代目の揚俊、揚春兄弟は、父親の平順から継いだ建物を自ら引き倒した。その年の８月９日、上空で原子爆弾がさく裂した。

戦後の再建、移転を経て、平成12年に現在のビルに建て替えられた。その際、２階の一画に店の歴史をまとめた「ちゃんぽんミュージアム」を併設した。その入り口には、大きく引き延ばした創業当時の写真（右ページ）が掲げられている。

「これは大伯母が肌身離さず持っていた。多くを失った中で貴重な一枚です」

優継さんにとって、ちゃんぽんは「商品」ではなく「文化」だという。それを引き継ぎ、記録するのが４代目の使命と考えている。こんな逸話も教えてくれた。

ちゃんぽんが定着したころ、特許申請を勧められた。しかし、平順は「日本中の人に食べてもらいたい」と受け入れなかったという。

平順自身は親類縁者に教えることをいとわず、ちゃんぽんは各地に広がりをみせた。老舗中華料理店である熊本市の「紅蘭亭」、福岡県久留米市の「光華楼」は親類の経営。同じく久留米市の豚骨ラーメン発祥の店「南京千両」は創業者が長崎ちゃんぽんを参考に豚骨ラーメンを考案したことが知られている。

「落地生根」を貫いた平順。その根からは今、芽が出て花を咲かせている。

山岸イズムを継承

長崎大勝軒（長崎市）

ながさきたいしょうけん
長崎市大黒町8の3
☎095-823-7256

右／「師匠は義理堅い方でした」と振り返る畑原勇さん　左／特製もりそば（920円）は、200、300、400グラムから麺の量を選べる

ラーメンの一ジャンルとして確立された「つけ麺」。その生みの親は、山岸一雄さん（平成27年に80歳で死去）である。東京の「東池袋大勝軒」を営み、多くの弟子を輩出した。「ラーメンの神様」と称された山岸さんの〝最後の弟子〟が長崎市にいる。

店の名は「長崎大勝軒」。入って正面の壁に1枚の写真が飾られていた。山岸さんの隣にやや緊張気味の大将、畑原勇さん（62）が写る。「修業時に撮ってもらったものです」と畑原さんは言う。

平成18年秋に修業を始めた。当時40歳代半ばで、しかも飲食業は初めてだった。一回りも二回りも年下の同僚たちの中、がむしゃらに働く。「店でつくり方を頭にたたき込む。下宿先に帰ってメモする毎日でした」。そんな生活を支えたのは山岸さんの言葉だった。

「自分のスタイルを持つこと。辛抱してやっていけば必ずできる」

平成19年3月20日。修業の最終日は、山岸さんによる東池袋大勝軒の最後の日でもあった。高齢で体が限界に達してい

たところに再開発で立ち退きを迫られていた。最後の一杯を求めた長蛇の列は延々と続いた。

「実はその日のスープを作ったのは私なんです。山岸さんの下で働けたことは今でも誇りです」

山岸さんは17歳の時に親戚の坂口正安さん（故人）に誘われ、ラーメンの道に入った。坂口さんは、戦後の東京・荻窪で誕生した中華そば店「丸長」の創業者の一人で、昭和26年に中野区で「大勝軒」を立ち上げた人物である。大勝軒は昭和29年に渋谷区に本店を移した。中野の店を任された山岸さんは、そこでつけ麺のルーツとなる「特製もりそば」を考案する。

〈「特製もりそば」はもともと自分たちで食べていたもの、つまり「まかない」である〉。山岸さんは自著「東池袋大勝軒　心の味」で誕生秘話を明かす。食料難の時代、店員たちは湯切りの際にざるに残った麺を器に集め、つけ汁に浸して食べていた。賄い飯がつけ麺の始まりだったのだ。常連客の「食べたい」との声を受け、昭和30年に売り出すと大ヒット。昭和36年に東池袋大勝軒を創業した後も売れ続け、巣立った弟子たちを通じて全国に広がった。

「長崎にはない味。商売になるかも」。17年前、埼玉の大勝軒で初めてもりそばを食べた畑原さんはそう考えた。炭鉱で栄えた長崎市の離島・池島で育った。炭鉱で働いた父親と同じく、地の底に潜り、閉山がささやかれ出すと島を離れた。その後、長崎市で会社勤めをしていたが「商売をしたい」との思いがわき起こる。その時に出合ったのが大勝軒の一杯だった。山岸さんの門をたたき、修業を終えた年の夏に長崎大勝軒を構えた。

看板メニューはもちろん「特製もりそば」だ。配膳され、まず麺の量に驚く。普通料金の麺（４００グラム）でも博多のラーメンの3倍以上。豚骨、鶏がらベースのつけ汁は魚介系のだし、そして酢の酸味が重なる。太麺はグニュッと引きがあり、食べ始めたら止まらない。浸す、すする、を繰り返す。気付けば完食していた。

これぞ山岸さんの味と思いきや「違います」と畑原さん。最初はとにかく師匠を真似たが、5年ほどたった頃から考えを変えた。骨を長時間炊き、スープを濁らせた。醤油を多くし、麺は太くした。さらに「ぶたもりそば」を考案。つけ汁に豚肉とショウガを加えた一杯は今や一番人気となっている。

「九州の人に合わせた自分なりの味を確立できた。ようやくやっていける自信が持てたところです」

山岸さんは多くの弟子を受け入れ、惜しげもなく自分の味を伝えた。雑誌でレシピを公開したこともある。一方、自著でこうも書き残す。

〈どんなにホンモノを真似ても、ニセモノはホンモノにはならない。ホンモノはつくり出すものである〉

最後の弟子は、ホンモノに近づきつつあるのかもしれない。

突き詰めた「どうつくるか」
ノギ中華そば店（長崎市）

のぎちゅうかそばてん
長崎市銅座町3の28

左／「働いている意識はない。たくさん仕込みをしたいから食べてほしいという感じ」と今田匠さん
右／基本メニューは700円の中華そば（塩・醤油）

看板はない。だが、場所はすぐ分かった。長崎市の中華街のすぐそば。入居するのは壁に「甘蕉倉庫」と書かれた趣のある建物。そして何よりの目印は店の前の行列である。「ノギ中華そば店」は令和4年12月にオープンしたばかりではあるが、既に人気店となっている。

なぜ、こんなにも早く定着したのか？その理由の一つは店主の経歴にある。今田匠さん（43）は、関東では知る人ぞ知るラーメン職人なのだ。

平成29年に創業した東京・中野の「かしわぎ」では、澄んだ豚骨スープにうま味を閉じ込めた「豚清湯」を提供してラーメン通をうならせた。大手出版社が主催する、その年の新店大賞部門にもランクインした。しかし、その名声を手放す。「長崎で開業するのが最初からの目標だったんですよ」と今田さん。開業の2年後、かしわぎを知人に譲り、地元の長崎に戻って出店準備を進めていたのだ。

「もともとは長崎市でサラリーマンをやってました」。ラーメンに目覚めたのは20歳代中頃。福岡市への出張が多く、そのたびにラーメンを食べるようになった。「最初にはまったのは秀ちゃんラーメンです」

さらにのめり込み、休みの日は関東、関西まで遠征するようになる。それにも飽き足らず、自作ラーメンに手を出す。ここまで来ると行き着くところは決まっている。「店をやりたくなりまして…」

当時好きだったのは、豚骨と魚介のスープを混ぜたラーメン。「その味を極めるなら本場の東京に行くしかない」。仕事を辞め、古里を離れた。31歳だった。

東京のラーメン事情は九州と全く違った。歴史ある老舗、ご当地ラーメンの店もある。ただ、圧倒的多数なのは新たな味で勝負するニューウエーブ系だった。多くのラーメン職人がしのぎを削る。そんな状況が刺激的だった。

最初の修業先は、つけ麺を広めた山岸一雄さんの弟子が展開するグループ。そこでは魚介豚骨のつけ麺を出した。職場近くには「ラーメンの鬼」と呼ばれた佐野実さんの「支那そばや」もあった。その影響なのか、淡麗スープの鶏がら中華そばに惹かれ始めた。

平成26年に会社の独立制度を利用して仲間と「麺処　今川」をオープンする。ここでは鶏がらの淡麗スープを提供。ただ、共同経営は歩調が合わず、半年で閉店している。その後は、喜多方ラーメンを掲げ、手もみ麺で人気の「食堂　七彩」でも腕を磨いた。

「自分だけの店で東京で勝負してみたくなって」。かしわぎを開いたのはそんな気持ちからだ。九州出身なので豚骨主体にした。つくり方にも手間をかける。白濁スープにひき肉を加えることによって濁りを取り除く。コンソメスープと同じような手法も用いた。

もともと期間限定のつもりだった。一定の評価を得て、納得のいく味が出せるようになったのを機に、店を手放した。

ノギ中華そば店には、こだわりの店にありがちな敷居の高さはない。

「濃かったり、薄かったりしたら調整しますよ～」。今田さんは配膳のたびに声がけする。卓上には「タバスコ」などが置かれる。自分用に調味料を持ち込む客までいるという。自分の味がどう変化するのか。今田さん自身が興味を持っているようだ。

ただ、配膳された一杯は、意思が感じられる力強さがあった。塩中華そばは、一口目から分厚いうま味が押し寄せる。動物系のボディーを煮干しなどでとった魚介スープが支え、塩味もキリッと効かせている。麺はざくっとした歯応えを残しながら、滑らかさもあった。

かしわぎ時代と違い、豚は抑えめ、鶏を前面に出している。呼び戻しの手法も使い、雑味をあえて残すために清湯は封印。初めて自家製麺にも挑戦した。ラーメンの自由さを謳歌しているのか、今田さんはとにかく楽しそうだ。「素材でなく、製法で勝負することに興味がある。何を使うかより、どうつくるかを突き詰めたいんですよ」

〇〇産の素材を使っています―。そんな打ち出し方はしていない。ここにあるのは、今田さんがつくるラーメンなのだ。

意外に合う！
麺也オールウェイズ（長崎市）

「長崎ってラーメン屋あるの?」。麺也オールウェイズ代表の高木隆太郎さん（44）＝長崎県出身＝は時折そんな言葉を投げかけられる。当然だが、ラーメン屋がないわけではない。ただ、そういう印象を持たれるのは理解できるという。

なぜなら長崎は圧倒的なちゃんぽん文化圏。それゆえ、ラーメンの存在感が薄くなってしまう。「特に家族連れでラーメン屋には行かない。どうしても中華とかになっちゃう。〝ラーメン文化〟がないんですよ」と、高木さんは言う。

地元のことを客観視できるのは、福岡・久留米で学生生活を送った経験が大きい。初めて食べた久留米ラーメンには驚いた。呼び戻し製法を使う独特の熟成臭は長崎にはなかった。バイト先は、博多一風堂で学んだ梶原龍太さんが平成11年に始めた「龍の家」。ここは呼び戻しではなく、取り切りスープだったが、梶原さんの人柄、ラーメン屋としてのあり方に惚れ、「長崎に持って帰りたいと思った」

30歳での独立を目指して大学卒業後はそのまま就職。新店立ち上げ、本店店長も経験した。長崎市での創業は、30歳の誕生日を翌日に控えた平成21年9月18日。「福岡から来たラーメン」として最初から売れた。ただ、名をあげたのは、あるオリジナルラーメンがきっかけという。

その一杯をお願いした。スープ、麺を入れるまでは普通のラーメン。そこに「意外に合うんです」とレモンスライスを載せる。ネギ、胡椒を振れば、「レモンとんこつらーめん」ができあがる。

一口すると、「意外」という言葉が分かった。うま味が酸味で抑えられてしまいそうな気がしていたが、実際はそうでもないからだ。土台の豚骨のコク深さは酸味に負けていない。それでいて、

さっぱり感が増し、キレもよかった。「どこどこ出身と呼ばれるのが嫌。オリジナルがほしかったんです」と高木さん。ヒントになったのは「おふくろの味」だった。炒めた豚肉にネギ、胡椒をかけ、最後にレモンをしぼる。母親の手料理を思い出しながら、オリジナルの一杯を考案した。

基本の豚骨も変化させている。創業時は取り切りのスープだったが、今は一部呼び戻しの手法も使う。昨年は熟成臭を強めたラーメンを出した。

長崎のラーメン事情は変わりつつある。同世代による新店は増えた。自身の店も長崎市、近郊で計4店舗に拡大させた。それでも依然として、この言葉を耳にする。「長崎ってラーメン屋あるの?」

業界が盛り上がれば、いずれ文化として育っていくと信じる。「現状を覆したいです」。高木さんの言葉は力強い。

めんやおーるうぇいず
長崎市万屋町5の22
☎095-824-1199

右／「文化をつくるのは大変。ちゃんぽんはすごい」と高木隆太郎さん　左／柑橘の香り漂う「レモンとんこつらーめん」（900円）

己を貫く頑固さ
餃子菜館　万徳（長崎市）

ぎょうざさいかん　まんとく
長崎市銅座町2の2
☎095-826-2600

右／崔万清さんの料理に「現地よりおいしい」と言う中国人もいる　左／担々麺（1000円）と水餃子（550円）は外せない

最初はその挑戦的な立地に驚いた。

「餃子菜館　万徳」があるのは、長崎市の新地中華街のほど近く。その場所で同じく中華というジャンルで勝負する。さらに言うと、微妙に外れた裏通りであり、中華街目的で訪れた人はおそらく足を向けない。「来る人は来る」とでも言いたげな立地なのだ。

こう書くと、「頑固おやじ」の店主を想像するかも知れないが、崔万清さん（61）は全く逆のタイプで、柔らかな印象。「中華街は砂糖の産地の福建省の人たちが多くて料理は甘い。うちとは違うね」と笑顔で言う。向こうが福建なら、こちらは北京。向こうが甘いなら、こちらは辛いのだ。

北京の生まれ。昭和の終わり頃に留学で来日し、そのまま就職した。ある日、自宅に招いた友人に水餃子を振る舞ったところ絶賛された。「店をやればいい」。その言葉に動かされて平成8年に開業したのだった。

確かに崔さんの水餃子はうまい。手作りの皮はもっちりしていて、中身が詰まった大ぶりタイプ。一口かじると肉汁がじゅわっと出てくる。餡も中華スパイスの香りをまとう。この逸品に気づき、背中を押してくれた崔さんの友人に拍手を送りたくなる。

「でも全く売れなかったね」とは崔さん。本場の味に地元の人たちは戸惑ったのだろう。しかも、長崎は江戸時代、輸入した砂糖が運ばれた「シュガーロード」の出発点でもあった。南蛮菓子はもちろん名物の皿うどんまでとにかく甘い。そんな「甘さが正義」の土地柄で、辛い料理で勝負するのだから、売れなかったのは当然かもしれない。

「僕のは北京で食べてた料理だから。日本風にしようと思えばできたけど、そんなことはしないね」。売れなくとも、自分の味を貫いた。地元の人たちが魅力に気付き始めたのは8年ほど前だという。特に人気の品が〝カラシビ〟を容赦なく感じられる担々麺だ。

調理を始めるとスタッフも厨房から客席に逃げだす。平気な顔をした崔さんは「僕は感覚が麻痺してるから」。鍋を振ると、花椒の「麻」（シビ）が店内に充満する。真っ赤なスープに顔を近づけると唐辛子の「辣」（カラ）が来た。長い細麺に辛みとスープが絡まる。時折むせるほどの刺激がくるものの、するりといけるから不思議だ。唐辛子、花椒、八角、クミン…。十数種類のスパイスが入った辛味噌に鶏がらスープを合わせた担々麺は、辛さだけではない。うま味、深みが土台にあるからおいしいのだろう。

今や万徳は行列店となった。忙しくなったが、崔さんは全く変わらない。先日のある週末に訪ねると「V・ファーレン応援のため、お休みいたします」と張り紙があった。そういえば崔さんは地元プロサッカーチームの熱烈なサポーターだった。

週末営業より、サッカー。どこまでも自分を貫く姿に、崔さんはやっぱり「頑固おやじ」なのかもと思う。

「おでん、ビールも」が佐世保流お栄さん（長崎県佐世保市）

「おでんは全部串に刺してますよ」と秋吉千穂子さん。屋台時代は串の本数でお代を計算していた名残りとみられる

おえいさん
長崎県佐世保市三浦町2の1
☎0956-25-7674

あっさりながら深みもあるラーメンは650円。秋吉さんが「佐世保は久留米のラーメン」と言う理由が分かる気がするラーメンを頼んで店内を見渡すと、「注文して」と言わんばかりのおでん鍋があった。セルフだが、それぞれの具が串に刺さっていて取りやすい。まずは大根と玉子を選ぶ。だしがしみこんだ牛すじもうまそうだ。勿論追加で皿に載せた。周りには、僕と同じように待っている間におでんを取り行く人の多いこと。彼らのテーブルには決まってビール瓶がある。たしかにこのシチュエーションに瓶ビールは必須である。

「もともと屋台だから。まずはビールとおでんでしょ」とは、2代目の秋吉千穂子さん（80）。創業は昭和28年。秋吉さんの義母であるフジノさんが屋台を始めたという。佐世保ラーメンの黎明期を支えたのは「お栄さん」のような屋台だった。

当時、朝鮮戦争が続いていた頃で、後方支援基地となった佐世保の街は大いに沸いていた。戦争特需にあやかろうと大阪出身の新郷謙次さんが昭和27年ごろに開いたのが、佐世保で初めてのラーメン店とされる「大阪屋」（平成29年に閉業）だ。以来、街にはラーメン屋台が続々と誕生し、その一つが「お栄さん」だった。ちなみに屋号は、独立前にフジノさんが働いていた飲食店の常連さんが繁盛を願って付けてくれた。

「佐世保駅の裏に仕込み場があって、街の屋台のほとんどがそこで仕込みをするんよ」

昭和30年代後半からフジノさんとともに働いた秋吉さんは懐かしむ。「うちの屋台の番号は１０５番」。佐世保の街には百数十台の屋台が営業していたという。

定位置は松浦鉄道の線路沿いだった。手動式の遮断機が付いた踏切のそば。「天気が悪けりゃ休み。電車が通過すると風が吹く。だから、のれんに砂袋をさげて重しにしてました」。魚市場、飲み屋街が近くで、とにかく賑わった。屋台に入るとまずは「おでんとビールちょうだい」。それが客の常だった。

そのおでんは、鶏がらと塩ベースでさっぱりした味わいにしている。すぐにラーメンが来るのだから、これくらいの味付けがいい。対して、ラーメンは豚骨の白濁スープ。「佐世保のラーメンは久留米の味よ」と秋吉さんは言うが、久留米よりあっさりタイプ。それでいて深みもあり、豚骨の甘いだしがしみる。

屋台から店舗になったのは昭和40年代のこと。近くに良い物件があったので入居し、20年ほど前に今のビルに移った。形態は変わっても、ずっと変わらず深夜まで営業する。現在は息子で3代目の充さん（56）が夜を仕切っている。「義母も私も夜中まで働いた。ハードかですよ。でも息子が継いでくれて本当にありがたいです」

佐世保ラーメンの黎明期に屋台で始まった老舗の多くが店を閉じた。喜楽、草木ケ原、丸徳など、現在も続く店は少ないが、どこも変わらずおでんを出している。ラーメンを注文して、待つ間におでんと瓶ビール。ここまで含めて佐世保ラーメンだと言いたい。

始まりはハイカラおじさん
あづまや（長崎県西海市）

あづまや
長崎県西海市大島町間瀬1895の2
☎0959-34-2040

右／「やっぱり息子の店は気になりますよ」と語る三岳弘敏さん、ひさ子さん夫婦　左／ラーメンは550円

青空の下、大島大橋を渡った。全長1095メートル。車で1分程度の時間ではあるが、島に架かる橋は不思議な気分にさせてくれる。こちら側とあちら側。その境界を自然と意識させられるからかもしれない。

橋を渡ると、島で一番古いラーメン店「あづまや」がある。開店前だったが、店内からは声が漏れ聞こえてきた。引き戸を開くと、店主の三岳弘敏さん（69）、ひさ子さん（69）夫婦は接客中だった。親しげな間柄のようで、仕入れ業者なのか、近所の人なのかは分からない。その境目のなさに「島だな〜」と思う。

創業はいつですか？　落ち着いた頃にそう質問すると2人の会話が始まった。「いつだっけ」と三岳さん。「この島に来たのは私が10歳の時だから昭和39年かな」。大島の西隣にある崎戸島出身のひさ子さんはそう答える。「もともとは山崎おじさんよ。あのハイカラおじさん」

ひさ子さんの叔父、山崎正敏さんは島で一番の新しもの好きだった。テレビを持ち込んだのも山崎さん。そしてラーメンを持ち込んだのも山崎さん。横浜にまで修業に行った〝ハイカラおじさん〟が戦後、崎戸島で初めてのラーメン店「聚楽」を始めたのだ。

　炭鉱で栄えた大島と崎戸島。とにかく繁盛したらしい。ひさ子さんの父、三井所鉄夫さんは「聚楽」に卸す麺をつくるようになり、「三井所製麺所」を立ち上げた。昭和35年頃には山崎さんに味を習ったマツオさんという男性が大島で「あづまや」をオープンさせる。

「父は『あづまや』にも麺を卸していた。マツオのおじちゃんが辞めるというので、製麺所ごと大島に移して店を継いだんですよ」

　開店時間になると客が入ってきた。「暑かぁ〜」「いつものちょうだい」。平日ということもあり、地元客が多いようだった。僕もつられてラーメンを注文した。スープは柔らかな口当たり。余韻にぐいっと鶏がらのうま味が来る。使う骨は豚と鶏が半々だそうだから、鶏豚骨ラーメンと言うべきか。だしの風味の強さと優しさが共存した好きなタイプ。エッジの立った麺は柔らかめのゆで加減で、すすり心地が良い。優しさが前面にくる一杯だった。

「子どもの頃から大島ラーメンといえば『あづまや』でしたよ」。そう話す三岳さんは大島の生まれ。地元の高校卒業後は福岡の大学に進学。テニスに明け暮れた青春時代を送り、同じく島を出て福岡にいたひさ子さんと出会って結婚した。

　ところが26歳の頃、父親の介護のために島に戻ることになる。当時、大島大橋はまだなく、船を使っていた。希望に満ちあふれた行きと違って、心残りのあるUターンだった。「やっと島を出た。福岡での生活も楽しかったのに…」

　炭鉱はすでに閉山。造船業の世界も畑が違いすぎる。そこで義父の三井所さんに相談し、「あづまや」に弟子入りした。スープから麺づくりまでを習った。「もちろん福岡に未練はありましたよ」と三岳さん。いずれは福岡に進出という夢も思い描いていたが、「ここを守るのが基本。いかに味を維持していくのかで精いっぱいだったのかな」

　夢をかなえたのは息子だった。長男の龍太さん（39）は両親と同じように島を出て、福岡市で料理の世界に飛び込んでいた。中華や和洋食で経験を積んでいた龍太さんは帰省したある日、父親の一杯を食べて感動する。慣れ親しんだ味ではあったが、外の世界を知ったからこそより魅力的に感じたのだ。「店を継ぎたい」と切り出すと、三岳さんは「福岡で出したら」と提案。父親の元での修業をへた平成29年に福岡・六本松に「大島ラーメンあづまや　福岡店」（本書26ページ）をオープンさせた。

　大島大橋の完成は平成11年。十数年前からは通行料が無料となり、県外からの客も増えた。「今は大島に戻って良かったと思っている。昔みたいに閉じられた島でもない」と三岳さんは言う。一方の龍太さんは「ゆくゆくは福岡以外にも大島ラーメンを伝えたい」と考える。

　橋があちら側とこちら側をつなぐように、あづまやの味も広がっていく。

吸い寄せる赤看板
宝来軒（長崎県五島市）

ほうらいけん
長崎県五島市東浜町1の9の15
☎0959-72-4351

左／海のそばで食べるラーメンは600円　右／「お客さんに恵まれています」と語る山口善人さん、美智代さん夫婦

空は藍色。まだ夜は明けきれていない。深夜に博多を出発し、五島列島の福江港で船を降りた。冷たい潮風を浴びながら、1分ほど歩くと真っ赤な看板が見えてくる。「宝来軒」からは明かりが漏れていた。開店は午前7時のはずだが、既に客がいる。「のれんを出してなくても、お客さんが入ってくるんです」。2代目の山口善人さん（63）は笑った。

客の多くが常連だという。ラーメンを食べて仕事に行く勤め人もいる。漁業、港関係者は特に朝が早い。店の電気がついていれば、彼らは開店前でも入ってくる。一方の山口さんは、窓越しに彼らの姿を確認すると調理を始める。「みんな『いつものちょうだい』ですからね」。そう聞くと、島らしいなと思う。

店は両親の福義さん、千代さん夫婦から受け継いだ。先代の頃の朝はもっと早く、午前5時から客を入れていた。「おやじは元漁師だから。『昔はもっと早く食べさせてもらってたよ』って今でもお客さんから言われますけど、それはさすがに勘弁です」。そう話す間にも客は来

る。注文を受けた山口さんは仕事に戻る。僕も朝の一杯を頂くことにした。

「どうぞ〜」と持ってきたのは奥さんの美智代さん（62）。見た目からあっさり味だと分かる。実際、白濁スープは丸い、まろやかな口当たり。そして優しい豚骨のだしがじわり。麺は柔らかな中細タイプで、するっとすすることができる。フェリーで一晩を明かし、ちょっぴり疲れた体に染みわたった。

創業は昭和42年。だが「その前にも歴史があるんですよ」。山口さんはそう言って昔の宝来軒のマッチを見せてくれた。そこには、「福江」のほかに「諫早」「島原」と記されていた。

島原が最も古い、発祥の店なのだという。福岡県久留米市で修業した榎津秀雄さんという方が昭和35年頃に始めた。その2年後、榎津さんの義兄にあたる泉清利さんと妻マツヱさんが諫早市で店を開く。商売はうまくいったようだ。マツヱさんは実姉に「うちにラーメンを習いにこんか」と声をかけた。その相手こそが山口さんの母親、千代さんだった。

妹の元で修業したまではいいが、五島で店を出そうにも開業資金がない。そこでマツヱさんが建物を取得し、厨房もこしらえ、丼までそろえてくれた。「マツヱおばちゃんには足を向けて寝られんですよ」と山口さんは感謝する。

創業間もないころの店は、映画「男はつらいよ　純情篇」（昭和46年）で見ることができる。渥美清演じる寅さんは、福江港に着いた直後、吸い寄せられるように宝来軒に立ち寄っている。看板は当時から真っ赤だった。

「継ごうなんてことはまったく思ってなかったんです」。山口さんはもともと洋食のコックをしていた。37歳の時、父親から「戻ってきて」と連絡があった。「おやじが店を始めたのも37歳。『俺と同じ年でやってみろ』って言われましてね」

当初は洋食の経験を生かしたアレンジも考えた。でも、そうはしなかった。つくり方を学びながら、「味を守る」という使命感が芽生えたのだ。「こん味は変えたらいかん」。両親はいつもそう言っていた。常連さんもそう望んだ。毎日早朝からスープを炊く。店は休みでも、スープづくりに休みはない。それでも「いい店を継がしてもらった。両親に感謝しています」と言う。

島原、諫早は既にのれんを下ろしている。残るは五島のみ。2代目となり四半世紀。「親戚、親から渡された味を守る。それが親孝行だと思っています」

結局、僕は福江島に3日間滞在した。帰りは午前10時すぎ発のフェリーを予約している。港に着くと、宝来軒の真っ赤な看板が目に入り、思わず立ち寄った。

「今日、お帰りですか」。山口さんは驚くようでもなく話しかけてきた。この自然体が心地よい。ラーメンは相変わらずあっさり。朝食にちょうどよかった。

潮の匂いを感じながら港まで歩く。常連にはなれないけれど、島に来たらまた寄ってみよう。

山頂で「いちげん。」を頂く
どの世界にもある師匠と弟子

「季刊のぼろ」という登山雑誌があった。令和5年春に40号をもって休刊してしまったが、最後の1年間で「山麺部」という連載を執筆した。「山でラーメンを食べるとおいしいでしょ」というのが企画のきっかけ。加えて「妥協はしない」というコンセプトもあった。インスタントではなく、店でつくったスープと麺、器を担ぎ上げた。毎回、バーナー二つに湯切りざるなども準備して臨む「おいしい」山登りだった。

初回は「南京ラーメン　黒門」の持ち帰りラーメンを福智山（福岡県）で食べた。次は名島亭創業者の城戸修さんと宝満山（同県）に登り、今働く「丸八」の一杯をつくってもらった。3回目は「クモノウエ」のラーメンを担いで足立山（同県）に。そして最後は「いちげん。」の内田健市さん（51）と一緒に金立山（佐賀県）に登った。ここでは最終回の「山麺部」を紹介したい。

決行したのは2月。金立山の標高は501・7メートルで積雪もない。パーティーは僕、内田さん、升谷知夫さん（64）＝へのさん＝の3人だった。へのさんはかつて、サイト「やっぱり麺が好き」を運営していた。批評あり、ユーモアあり、何より愛があった。もう20年以上前の話。鳥刺しが食べられる店を紹介する訳のわからないサイトを開設していた僕も信奉していた。へのさんは、麺だけなく、山歩きやキャンプも楽しんでいた。振り返れば、その影響も受けていた気がする。僕にとっての、麺、そして山の師匠なのだ。

登山道中の話は省略するが、山頂まで2時間弱で到着した。へのさんは山のベテラン。一方、内田さんは「きつか〜」「足の痛っ」と言いながらも付いてきた。

頂《いただき》こそ木に囲まれていたが、直下に眺望のいい広場があり、そこで麺を食べることに。内田さんはザックをがさごそしだす。冷凍スープ、麺、チャーシュー、佐賀海苔、そして店で着用する調理服まで出てきた。

内田さんにも師匠がいる。佐賀市にある「らーめんもとむら」の本村敏光さん（令和2年に78歳で逝去）だ。内田さんは22歳でバイトとして入ったが、初日にラーメン屋志望と悟られた。本気と感じた本村さんは翌日、内

いちげん。
佐賀市川副町大字西古賀
925の1

店の「卵黄入りラーメン」は850円。

「佐賀一番摘み海苔付通販ラーメン」

（４食、5700円、送料込み）も人気

田さんの両親を呼び出してこう伝えたという。「相撲の世界に送り出したと思ってほしい」

実は生前の本村さん（写真下）を取材したことがある。目つきが鋭く、怖そうなのが第一印象だった。「店の歴史を知りたい」。恐る恐る切り出した時の本村さんの言葉は今でも忘れられない。

「歴史とかどうでもよか。目の前の一杯で十分じゃなかですか」。そう言ってラーメンをつくり始めたのだった。

相変わらずうまかった。またたくまに一杯を平らげると、話をしてくれた。厳しいだけでなく、温かみもある方だった。

その時に聞いた歴史をざっと記しておく。本村さんは33歳で大阪の製薬会社を辞め、古里の佐賀に戻り、親戚が経営していた「一休軒」で働き始めた。5年間の修業を経て昭和55年に「一休軒　鍋島店」として独立した。スープのだしに使う骨の部位を変えるなど改良も加え、平成24年に店名も「もとむら」に変えた。いつしか本家をしのぐ人気店となっていた。

内田さんは、そんな本村さんの背中を見ながら学んだ。25歳で独立。「いちげん。」を、佐賀を代表する店に育て上げた。今はお弟子さんも抱える立場になり、味を教えた後輩たちは九州各地で店を開いている。

青空の下での調理は続く。いつもの厨房ではないが流

石に手際がいい。「もとむら」と同じデザインで、「いちげん」と書かれた丼に盛り付けていく。見た目は店で食べるものと遜色ない。

一口すする。野生味をまとった豚骨の香りが膨らんでいく。師匠である本村さんよりパワーがあるタイプでうまい。途中、海苔をスープに溶かすと、磯の香りが華開く。海のものを山で食べるのもいいものだ。「究極の一杯ですね」とへのさんも満足げ。内田さんも自分でつくった一杯を食べ、「意外にうまいっすね」と疲れを忘れたようだった。

ラーメン店主にも山好きは多いという。なぜ山に登るのだろうか?

出発前、内田さんは「『てっぺん取りたい』とかあるんですかね」と話していた。でも、頂上に来ると変わった。「一歩ずつが大事。あまり先を見ずにコツコツと。ほんとにそう思いました」。振り返れば、師匠の教えも同じだった。「おやじ（本村さん）からよく言われました。『変に欲を出すな。コツコツとやっとけば飯は食えるぞ』って」

山と麺の親和性は高い。丼を傾けて、スープを飲み干しながらそう感じた。隣でへのさんは言った。「山も、麺も、一つの場所、一つの丼、その中で向き合う。似たところがあるんですかね」。僕は自然とうなずいた。

大分、熊本、宮崎、鹿児島県

「やっぱり水がいい」
竹田の中華そば　こっとん（大分県竹田市）

たけたのちゅうかそば　こっとん
大分県竹田市入田石原19
☎0974-62-4910

右／830円の中華そばに煮卵やワンタン、竹田産のもやしなどがトッピングできる　左／広瀬正勝さんは「やはりこの水はいい」と胸を張る

水車が止まることなく、回り続けている。ここは大分県竹田市にある竹田湧水群の一つ「河宇田湧水」の水くみ場。あふれる湧き水を飲んでみると、口当たりは柔らか。雑味がなく、すっと喉を潤してくれる。くじゅう、祖母・傾、阿蘇山系に囲まれた地域の豊かな伏流水は、環境省の名水百選にも選ばれている。

人を集めているのは水くみ場だけではない。その隣でのれんを掲げる「竹田の中華そば　こっとん」にも行列があった。30分ほど待って入店し、看板メニューである湧き水を使った中華そばを注文した。

スープは、水と同様に柔らかな口当たり。動物系のだしに、ほんのり甘い醤油味が重なる。刻みタマネギがいいアクセントとなっている。そして縮れ麺がまたいい。つるっとした食感。風味も豊かで淡いスープと合う。具材はすべて地元産を使う。もやしはみずみずしく、シイタケはうま味がぎっしり詰まっていた。

「おおきに～」。食べ終えた後、店主の広瀬正勝さん（64）からそう声をかけられた。関西の方？　聞くと違う。地元の

生まれで、大阪に長く暮らした。戻ってきて店を引き継いだという。

この場所はもともと地元の住民グループ「コットン水車の会」が営む野菜直売所だった。平成21年、「博多一風堂」の運営会社が竹田市内に農業生産法人を立ち上げたのを機に、ラーメン店開業をサポートする話が持ち上がった。新鮮な農産物とおいしい湧き水を使った一杯をつくりたい――。ラーメンづくりのノウハウを学んだ住民らが平成24年にオープンしたのが「こっとん」だった。

「『こっとん』ができた当時は大阪で働いていましたね。帰省時に母親と一緒に食べたのを覚えてます。すごく売れてましたよ」。竹田を出て、果物の「競り人」としてキャリアを積んでいた広瀬さん。いずれは古里に戻るつもりだったが、特殊な仕事ゆえ後進が育たず、その願いはかなわないでいた。

結局、Uターンできたのは平成26年末。まだ仕事は決まっていなかったが、後々は競り人として培った生産者とのパイプを生かしたスイーツ店の開業を考えていた。そんな折、こっとん運営者たちから「手伝ってほしい」と誘われた。「開業までのつなぎとして、手伝い感覚で始めました。でも、だまされましたよ」と笑う。

ホール、接客をこなした。そして、夏が過ぎた頃に店長から言われたのだ。

「実は辞めたいんよ」「あんたがやったらどうか」「全部教えるから」

店長は地元の人ではなかった。そして雇われの身だった。コットン水車の会としても地元の人にやってほしいとの思いがあった。しかも、店の権利ごと譲りたい、との思いも。

思ってもみなかったことだったが、少し心動かされた。「商売という意味では変わらない」と平成27年末に店を買い取った。「スイーツ店開業用にためていた資金もすべて使っちゃいました」

引き継いでみると、オープン当初の勢いはなくなっていた。道向かいには河川プールがあるため、夏は多くの客が詰めかける。けれども、オフシーズンの客足は鈍かった。

「ラーメンは初心者。でも商売のことは分かっているつもりやから」。味、接客など悪い部分を徹底的に聞いて回った。大阪で中華料理店を経営していた義父からスープづくりのコツも学んだ。一風堂が残したレシピを基本にしながら時間配分、火力などを調整。4年ほどでようやく軌道に乗り始めたという。

ここの中華そばが、人々を惹きつける理由の一つは湧き水にある。「やっぱりここの水はいい。素材のうま味を殺さずに、生かしてくれるから」。一方でラーメンの難しさも実感している。麺は温度、湿度で加水量を変える。スープの材料も一定ではない。具材も産地によって違う。「ラーメンは奥深い」とも。

店の横では止まることなく水車が回り、コットンとリズムを刻んでいた。「まだまだ勉強中。スイーツ店への未練はまったくないです」。そう語る広瀬さんも止まることなく、走り続けている。

際立つ濃密さ

二代目ラーメンカヨ（大分県佐伯市）

にだいめらーめんかよ
大分県佐伯市蒲江大字畑野浦
117の2

左／店の前に立つ初代松田加代子さんと二代目美知代さん　右／天気のいい日は海べりのテラスでラーメン（700円）が食べられる

小説家の小野正嗣さん（53）が芥川賞に選ばれた時だから平成27年のこと。大分県蒲江町（現佐伯市）出身の彼が繰り返し描く集落「浦」の取材に赴いた際、一軒のラーメン店を見つけた。名は「ラーメンカヨ」。小さな漁村にぽつんと佇む平屋で、女性店主が一人で切り盛りしていた。海を眺めながらすすった濃厚な豚骨ラーメンは今も忘れない。

「また食べたい」と思いつつ、アクセスの悪さから足を運べずにいた。今回の訪問は実に5年ぶり。福岡市を出発し、高速で3時間。佐伯のインターチェンジを降りて山を抜け、リアス式海岸が続く沿岸部へ。「畑野浦」と呼ばれる集落は、時が止まったように変わっていなかった。

海べりの、波の音が聞こえる立地は、ファンいわく「日本一海に近いラーメン店」。懐かしさとともにのれんをくぐったが、厨房で働く女性は以前と違った。

聞くと、「先代は辞めたんよ」。手を止めた松田美知代さん（45）は教えてくれた。義母にあたる先代の加代子さん（73）は、平成29年10月に店を閉じ、その半年後にバトンを継いだという。
とはいえラーメンは以前のままだった。佐伯といえば、醤油、ニンニク、脂が強めのご当地ラーメン「佐伯ラーメン」をイメージするがちょっと違う。白濁スープはクリーミーな舌触り。とろみある濃厚な豚骨だしが、加水率高めのもちもち麺とよく絡んだ。

「あくまで『佐伯のラーメン』ですよ。創業は合併前の蒲江町の頃だから」

昔のことが知りたいと伝えると、先代を電話で呼んでくれた。

ほどなくして現れた加代子さんは言った。「もともとこの建物は真珠の核入れ小屋やったんよ」。だからこのロケーションなのかと納得する。蒲江は真珠養殖が盛んで、夫の行平さん(77)も真珠養殖をなりわいにしていた。ところが長引く不況を受けて養殖は下火になり、行平さんも廃業を余儀なくされた。

「この場所が好きだし、何かしたかった」。最初はうどん店を考えたが、地元の若者から「今どき流行らん」と一蹴された。「そんじゃラーメンじゃ」と思い立ったのが始まりという。

平成7年創業。ラーメン屋自体珍しい集落ですぐに人気となり、釣り、ツーリング客を介して評判は外に広がった。「儲からんけど赤字にもならん。趣味みたいなもんよ」。80歳まで続けるつもりだったが、家事との両立が難しくなり、平成29年にいったんは廃業した。

しかし突然の閉店に地元が黙っていなかった。「どげんしたんかえ」「なしせんの」——。慌てて後継者を探したが、3人の子どもは仕事や育児を抱える。そこで声を掛けたのが次男の妻、美知代さんだった。

「だめなら介護の道に進めばいい。だからやろう」。介護福祉士の資格を取ったばかりだった美知代さんは振り返る。先代から「ラーメンミチ」に店名を変えるよう提案されたが、「お客も、味も継いだから」と断った。平成30年3月「二代目ラーメンカヨ」として出発した。

冒頭で触れた小野正嗣さんの小説の妙味は、浦の濃密な人間関係、そして海のにおいがするような佐伯の風土描写にある。その二つが幻想的に混ざり合い読者を別世界にいざなう。

2人と話していると、小野さんの小説世界と重なってくる。

「お客さんに『加代姉の味に似とる』と言われるとうれしい。今も近づこうという気持ち」。美知代さんが取材に答えると、その〝加代姉〟は横から「もう数段上にいっちょるよ」と突っ込む。

客のエピソードも別世界のよう。船で横付けし、出前を頼む漁師もいる。昨年自家製麺を始めようとした際、不安だった美知代さんに常連客はこう言った。

「みっちゃん、しれっと出しゃいいんじゃ。分からんのじゃ」。濃密な関係性は話の節々から伝わってくる。

「うちのラーメンはロケーションとセットやからな〜」。美知代さんはそう言うが、そこに「畑野浦の人たち」も付け加えたい。濃厚なのはラーメンだけではないのだ。

天津（大分県佐伯市）

あるべき姿のご当地麺

てんしん
大分県佐伯市大手町3の2の15
☎0972-23-2637

左／店の前に立つ吉良小夜子さん。これからも長く続けてほしいと願う　右／「あっさり系やわ〜」というラーメンは500円茶褐色のスープにすりごまがかかる。醤油味が強い、こってりの豚骨でニンニクが強めの味わい。ご当地ラーメンの一つとして知られる「佐伯ラーメン」はそんなくくられ方をされがちだ。ただ、248ページで紹介した「二代目ラーメンカヨ」しかり、ひとくくりにはできない多様性がある。

「うちは佐伯ラーメンとは違うわ」。そう話すのは古参の一つ「天津」の吉良小夜子さん(79)だ。昼時を過ぎていたにもかかわらず、店内は満席。そんな中、吉良さんは注文受けから調理、会計までを一人でこなしていた。「お待ちどおさま〜」「お金はそこに置いちょって〜」。僕はタイミングを見計らって言う。「ラーメンください」

配膳された一杯には海苔、チャーシューが載る。ごまはかかっていないが、ワイルドそうな見た目はいかにも佐伯。ただ、脂やニンニクを感じつつ、思ったほどの濃さはなかった。麺も佐伯らしくない。中太麺が主流の地域にあって、ここは細麺を使う。「うちはどっちかといえば、あっさり系やわ。スープに合うからずっと細麺を使っちょるんよ」

その言葉に大分出身と思ったが、大阪の生まれだという。「普段は大分弁、怒ったときは河内弁よ」。吉良さんは20代前半まで大阪に住んでいたそうだ。そこで夫となる勲さんと出会った。サラリーマンをしていた勲さんは、父親が亡くなったのを機に古里である佐伯市に帰郷。吉良さんもついて行った。

「でも仕事がない。夫の姉が宮崎で中華料理屋をやっていたので習いに行ったんよ」。修行先は宮崎県日向市で今も営業する「青島《チンタオ》」で、もともとは久留米のラーメンを習ったらしい。昭和45年に2人で独立した際に屋号を「天津」に決めた。ちなみに、当時佐伯で随一の人気を誇っていた店の名は「上海」だった。青島、上海に続き、中国の都市名を意識したのかと思ったが「天に通じる港という意味にあやかった」そうだ。

出前をやりながら、営業を続け、上海(現在は閉店)、香蘭(同)、藤原来々軒などとともに佐伯を代表する店になった。ただ、佐伯ラーメンと呼ばれだしたのは、最近のことだ。10年ほど前、地元グループがPRを始め、中央にも知られるようになった。以来、県外客も増えたが、天津の客の8割は顔見知りだという。

勲さんは亡くなり、今は一人。本当は辞めたいそうだ。「でもお客さんから『開いちょるか〜』って電話が鳴るし、『週一でもいいから開けてくれ』っち言われるから」。とはいえ、体力の問題もあるし、後継者もいない。「幻のラーメンになるかもね」とあっけらかんと言う。

店内は、そうはなってほしくないオーラであふれている。提供が遅くなっても、みんな穏やかに待つ。食べた後は丼をカウンターの上に置き、台拭きでテーブルを拭く。「見るに見かねてやろ」と吉良さんは言うが、少しでも負担を減らしてあげたいとの気持ちからだろう。

その光景に、これこそがご当地ラーメンの姿だと思う。PRだけのためではない、ご当地(で愛される)ラーメン。完食した僕も丼を上げて、テーブルを拭いて店を出た。

各地に伝わるプノンペン
中華さと（大分県日田市）

看板も「中華さと」ではなく、「プノンペンラーメン」。里末吉さんがはまった味は、今でも大阪・堺の名物だ

ちゅうかさと
大分県日田市元町13の20
☎0973-22-1962

彩り豊かなプノンペンラーメンは900円。チリソースなど味変アイテムも充実している大分県日田市のＪＲ日田駅そばにある「中華さと」。何度か行ったことがあるが、気になっていたのが看板メニュー「プノンペンラーメン」の由来である。確かにエスニック風の一杯だが、なぜプノンペン？ どこかで習った味なのだろうか？

店を訪ね、積年の疑問を思い切ってぶつけてみた。

「まずこの記事見てください」。店主、里末吉さん（61）は、答えを急ぐ僕をかわすようにそう言い、新聞の切り抜きを手渡してきた。見てみると二十数年前の朝日新聞の記者コラムだった。

大阪に住むコラムの筆者は、昭和57年頃に仏印ラーメンなるものを取材した思い出話から始める。その別名こそが「プノンペンラーメン」だった。戦時中にカンボジアにいた復員兵が現地の味を再現したもので、大阪・堺で流行していたという。既に復員兵は亡くなっていたが、ファン2人が味を伝承し、別々に店を出していた、と書く。

「若い頃、この二つの店に通っていたんです」。そう話す里さんは鹿児島の徳之島出身。高校卒業後に大阪に出て中華料理の世界に入っていた。プノンペンラーメンとの出合いは20代の頃。パンチがあるわけではないが、徐々にうま味が来る。そんな味にはまった。

平成5年、妻の実家がある日田に移って「中華さと」をオープンしている。当初は普通の中華料理店。1年半ほどがたった頃、常連客に切り出した。「昔大阪で好きだったラーメンがあるけど食べてみる？」。大阪時代から味を真似て自分なりのプノンペンラーメンをつくっていた。その一杯を振る舞うと、常連客は大絶賛。隠れメニューから始まって正式メニューに昇格。いつしか一番人気となり、店先に「プノンペンラーメン」の看板を掲げた。

ちなみに冒頭のコラムはこうも記されていた。「後輩記者から『大分でもプノンペン食べました』と報告を受けた。どうやら、伝承者はほかにもいたらしい」。これはおそらく「中華さと」のこと。その頃には里さんの一杯は県外にも名が知られるようになっていた。

「二つの店のいいとこ取りかな」。そう話しながら鍋を振る。これでもかと湯気を立ち上らせる一杯。スープは熱々。ほどよい辛み、トマトの酸味、セロリの苦み、動物だしの甘みなど、多様な風味が顔を出す。気付けば汗がじわり。思わず食べるスピードが上がる。シャキシャキした青梗菜、弾力ある縮れ麺の食感も楽しめた。

「プノンペン通信」という寄せ書きノートがあった（左写真）。めくっていくと、ここ数年は海外客の書き込みが目立つ。中にはカンボジアからの客のメッセージも。里さんは言う。「『地元の味を思い出した』と喜ぶ人もいましたよ」

大阪で再現されたカンボジアの味を、ファンたちが受け継いだ。その一杯をカンボジアの人が味わって古里を感じる。なんとも因縁深いラーメンである。

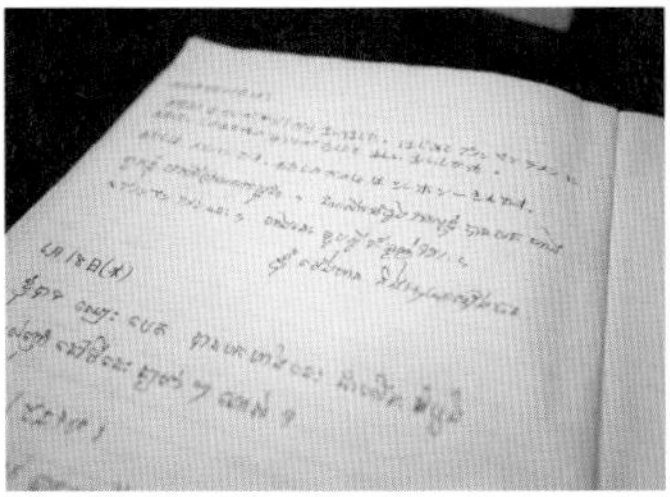

焼きそばでなくラーメン
三久（大分県日田市）

さんきゅう
大分県日田市亀山町1の1
☎0973-22-2545

左／ウェイトリフティングが趣味という田中修さん　右／焼きそば（850円）もいいけど､ラーメン（650円）も逸品

　大分県日田市で麺料理といえば「焼きそば」を思い浮かべる。実際、街中には「日田やきそば」を掲げる店が目立つ。ただ、その多くがラーメンも出していることはあまり語られない。いや、言い方が正確ではない。焼きそば店がラーメンも出しているのではなく、ラーメン店が焼きそばを出し始めたのだから。

　老舗の一つ「三久」を訪ねた。JR日田駅から歩いて10分ほど。のれんには「やきそば」と「ラーメン」の文字があった。出迎えてくれた田中修さん(55)の名刺にも二つの肩書が。一つは「三久店主」。もう一つは「日田やきそば研究会副会長」だ。「う〜ん、売れるのは焼きそばの方だから焼きそば屋? でも、もともとはラーメンしかなかったですから」。本人もどちらか一つに決めるのは難しい様子だった。

　オープンは昭和40年。田中さんの父、欣次さんが大分県臼杵市で始めた。最初は「来々軒　臼杵店」が屋号。「おやじが日田の来々軒で働いていて、独立したんですよ」。田中さんの言う「来々軒」

とは、現在も続く日田一番の老舗で、九州豚骨の源流に連なる。

説明すると、白濁豚骨ラーメン発祥は西鉄久留米駅前（福岡県久留米市）にあった「三九」だ。この屋台では、創業者の杉野勝見さんとともに、杉野さんの叔父である田中始さんが働いていた。昭和26年に、杉野さんは三九を知人に譲り、北九州市で「来々軒」を開業する。3年遅れて、始さんが日田で来々軒をオープンした。欣次さんも始さんと親戚関係にあたり、臼杵店を開いたというわけだ。

「私は日田の来々軒で『手子人《てご》』ばしよったとですよ」

厨房から出てきた田中修さんの母、ユミ子さん（82）が教えてくれた。手子人とはお手伝いのことで、ラーメンの盛り付けや接客を担当していた。当時はラーメンのみで、焼きそばはなかったという。

一方の欣次さんは久留米の生まれ。中学卒業後はラーメン一筋で、佐賀や長崎で働いた。日田に来たのは22歳の時、来々軒にラーメン職人として入り、そこでユミ子さんと出会った。

「結婚して独立することになってね。でも修業先の近くで商売はできないでしょ」とユミ子さんは言う。「ラーメン店が少なかった」との理由で選んだ臼杵での商売は順調だった。しかし、店の裏の崖から落石があったりと危険も感じていたため昭和45年に現在の場所に移転。屋号を「三久」として再スタートを切った。「三」は三隈川、「久」は久大線からとっている。

日田を離れた5年間で状況が変わっていた。「よそのラーメン店の多くが焼きそばを始めていたんですよ」とユミ子さん。日田の焼きそばの元祖的存在である「想夫恋《そうふれん》」の創業が昭和32年だから、徐々に浸透してきた頃なのだろう。移転から1年ほどたって三久も厨房に鉄板を備え付けた。

それでも修さんが子どもの頃は圧倒的にラーメンが人気だったという。ただ、ご当地グルメとして「日田やきそば」の知名度が上がるにつれ、ラーメンと焼きそばの立場は逆転していく。実際、取材中に入る注文は焼きそばが圧倒的。でも、僕はあえてラーメンを注文した。

豚骨だけを炊いたスープは、ほんのり乳化しているタイプ。脂分は少ない。すすってみると、見た目通りのあっさりで柔らかな味。それでいて豚骨だしに久留米らしい奥行きも感じられる。合わさるのは、なめらかな舌触りの自家製麺。派手さはないが、実直な感じがいい。

製麺は朝から。夕方にスープの仕込みを始める。あくを取り、血抜きし、寝る前まで炊く。楽ではないのに8対2で焼きそばの方が売れている。それでも「ラーメンはやめない」と力強い。

取材の終盤、修さんがユミ子さんにかけた言葉が印象的だった。「土台をつくってくれて感謝しとるよ」。先代が築いた土台の一つは、ラーメンであることは間違いない。それは三隈川と久大線でつながった久留米伝来の味である。

歴史の重みも味
宝来軒（大分県中津市）

ほうらいけん
大分県中津市日ノ出町2
☎0979-22-3383

右／宝来軒別府店の前に立つ山平直寛さん。本店と行き来し、厨房にも立つ　左／ラーメン（800円）のスープはすべて本店でつくっている

「あぁ、大分県北の味だな～」とすするたびに思う。大分県中津市を中心に展開する「宝来軒」の一杯。かつて隣町に勤務していたこともあり、懐かしさもこみ上げてくる。特徴はちょっと甘めなスープ。そこに極細麺が合わさる。ご当地ラーメンとして謳われているわけではない。ただ、僕にとっては大分県北地域の味である。

　山平政雄さんが中津で宝来軒を始めたのは昭和33年のこと。大分県初のラーメン店は、「来々軒」（日田市、昭和29年創業）とされているので、県内でも屈指の歴史を持つ。現代表で山平さんの孫にあたる直寛さん（53）が開業のきっかけを教えてくれた。「ある日、祖父とその兄弟2人が集まって味を考えたのが始まりだそうです」

　兄弟とは山平兵策さんと梅本勝司さん。2人は政雄さんに続いて店を出す。昭和36年に梅本さんが大分県別府市で、兵策さんが福岡県豊前市で、それぞれ「宝来軒」を開いている。なぜ3人は、当時まだ珍しかったラーメンに勝負をかけたのか？「福岡にいた甥っ子がラーメンで売れていた。そこに嫉妬したんだと思います」。直寛さんはそう話す。

　甥っ子の名は山平進さん。博多ラーメンの草分けとして知られる人物である。戦後間もない頃、進さんは知人の津田茂さんとともに満州のスープ料理を参考にして豚骨ラーメンを完成させた。昭和20年代、進さんが「博龍軒」、津田さんが「赤のれん」を福岡市にそれぞれ開業。ともに今も営業する老舗であり、博多ラーメンの源流として歴史にその名は刻まれている。

「祖父は戦後、和食の料理人をしていました。『甥っ子よりうまいものをつくれる』というプライドがあったと思います」と直寛さん。

　スープには豚骨、鶏がら、牛骨を使っている。甘めな味わいは牛骨由来のものだ。3種の骨を五右衛門釜に入れて、強力なバーナーで炊いていく。かつて博龍軒の進さんの妻、ミヨ子さんを取材したことがあるが、その際に聞いた製法と似ている。さらに梅本さんは開業前、福岡県志免町にあった「三洋軒」で修業した経験を持つ。炭鉱町の人気店にも影響を受けたかもしれない。

　それでいて、赤のれんとも、博龍軒とも、三洋軒とも違う。政雄さんのアレンジが加えられ、独自の味を確立させたのだろう。

　直寛さんは28歳で店に入るようになった。麺の習得は3年、スープは10年かかったという。味や技術とともに知るようになったのが宝来軒の歴史だった。

「まさか博多とのつながりがあるとは、思いもしなかったです」。お客さんに教えられたり、両親に聞いたり。年を重ねるにつれ、のれんの重さを実感するようになった。

　今は宝来軒の代表として看板を背負う立場になった。「受け継いだ味をしっかり出して、店を続けていくことがライフワークです」。味を守ることは、歴史を守ることにつながる。

「わりかしフレンドリーな店やけんな〜」
きりん亭（大分県別府市）

「うちはチェーン店とかの雰囲気とは違うけんな」と笑顔で語る谷崎由紀子さん。確かにその通りである

きりんてい
大分県別府市餅ケ浜町10の45
☎0977-21-0774

隣に別府警察署があった頃によく行った。冷麺（写真、800円）だけでなく、ラーメン（700円）もおいしくて驚いたのを思い出す

「久しぶり、今日来んかったら連絡しようと思っちょった」

　大分県別府市にある「きりん亭」の谷崎由紀子さん（78）は、入ってきた常連客とおぼしき男性に話しかけた。「そんなに来てなかったっけ?」と言う男性に、谷崎さんはすぐさま返答する。「2週間よ」。すると男性は笑顔で応じた。「安否確認やな。ありがとう」。そして続ける。

「冷麺お願い〜」

　トークが冴える由紀子さんとは対照的に、厨房では夫の義男さん（82）が寡黙に作業をする。小麦粉、そば粉、片栗粉をこねた生地を、注文のたびに押し出し式の製麺機にセット。圧力がかけられた生地はところてんのように麺になって出てくる（写真下）。製麺機の下には釜があり、麺はそのままゆでられる。

　こちらも冷麺を注文した。冷たく締められた丸っこい麺はちょっと太めで、噛み応えがある。牛肉と昆布などの和だしで取ったスープはあっさり。キャベツキムチの酸味と辛みがいいアクセントになっていた。

「別府冷麺」といえばご当地グルメの一つ。市内の多くの店で提供されており、大きく2種類に分けられる。太麺とキャベツキムチの「大陸風」と、そば粉が強い細麺と白菜キムチの「焼き肉店風」だ。きりん亭は前者。由紀子さんはその歴史を教えてくれた。

「もともと夫は船乗り。でも飽きたんでしょう。飲食店をやることになってね」

　そこで手を差し伸べてくれたのが知人の松本一五郎さんだった。松本さんは戦後間もなく、別府で「大陸」（現在は閉店）をオープンした。満州で食べた韓式冷麺をアレンジした一杯で人気となる。これこそが別府冷麺のルーツの一つであり、「大陸風」と言われる由縁である。

「松本さんから『うちに来て覚えれ』って言われたんよ。熱心だからできるんだと思ったんでしょうね」。冷麺づくりを習得した義男さんは昭和49年に独立する。屋号は「麒麟亭」のつもりが、看板屋さんが「漢字が難しい」とひらがなにしたとか。

　別府冷麺が名物として認知され始めたのはここ十数年のこと。「当時は口コミだけ。よう続いたと思うよ」。最初の数年は苦労したというが、義男さんの味には徐々にファンがついた。
　看板メニューの冷麺のほか、常連の中ではラーメン人気も根強い。こちらも松本さんから学んだ一品で、豚骨、鶏がらスープにコシのある麺が合わさる。「ずっとこの味。昔ながらの中華そばでしょ」と由紀子さんは話す。冷麺やラーメンだけではない。この由紀子さんのトークに惹かれて通う人も多いはずだ。
「わりかしフレンドリーな店やけんな〜。店も狭いし、わたしは話好き。今は長いお客さんばかり。身内感覚やな」
　そう言いながら由紀子さんは別のテーブルに行き、お客さんとのおしゃべりを始めた。厨房では義男さんが真剣な表情で麺をゆがいていた。

食べ手も、つくり手も自由

ラーメンショップ　山香店（大分県杵築市）

らーめんしょっぷ　やまがてん
大分県杵築市山香町大字向野
2184の2
☎0977-76-2666

右／ネギラーメン（小）は850円。小との表記だが量は結構なもの　左／白髪ネギを盛り付ける岩井繁人さん。ラーメンショップ本部から仕入れた「クマノテ」で味付けされている山香町の国道10号を通っていると、大きな看板が目に入ってきた。赤地に「ラーメンショップ」という屋号。隣には「うまい」の文字が躍る。九州ではあまり見ないが、「ラーメンショップ（通称・ラーショ）」は関東を中心にしたフランチャイズチェーンで、郊外、ロードサイドではよく見かける光景だ。

「駐車場が大きいのでトラックの運転手さんがメインです」。そう話すのはラーショ山香店の店長、岩井繁人さん（39）。午前9時半の開店時刻になると、続々と客が入ってきた。言うとおりトラックの運転手さんもいる。さまざまな注文が飛び交う。ネギラーメン、ネギ味噌、岩のりラーメンください！

まずはネギラーメンから。岩井さんは、大きめの丼に元だれ、豚骨スープを注ぐ。同時にトッピングを準備する。白髪ネギにごま油、辛み調味料を混ぜて、粉末を振りかけた。「これは通称『クマノテ』。本部から仕入れています」

ラーショの運営元は「椿食堂管理」（東京都）という会社で、1960年代に創業したらしい。九州では山香店以外に宮崎に数軒のみだが、全国に300以上のチェーン店を持つらしい。なぜ「らしい」なのかといえば、同社は一切の取材がNGで知られている。実際に問い合わせたものの断られてしまった。

山香店は昭和の終わり頃に三重野隆さんが始めた。トラック運転手で関東などを回っていた三重野さんはラーショにはまり、九州にはほとんど存在しないことを知る。商機があるとフランチャイジーとなってこの地に店を構えたのだ。

すぐにファンがついたが、十数年で三重野さんは手首の腱鞘炎になる。次は、ネギの納入業者だった網中悠二さんが引き継ぐ。だが、コロナ以降は人手不足が深刻化。そこで網中さんのいとこにあたる岩井さんの出番となった。20代の頃に1年ほどラーショで働いた経験がある岩井さんは、令和4年6月から店長に就任。休業がちだった店を立て直すことになった。「週8で来てくれる人もいる。人気がないわけではないからもったいないと思ったんです」。岩井さんはのれんを継いだ理由を話してくれた。

僕もネギラーメンを注文した。醤油風味の豚骨スープは塩味がありつつ、あっさりマイルド。途中、シャキシャキのネギをスープに浸すとスープがちょっと色気をまとう。中太麺、チャーシューとの絡みもいい。

ラーショは、家系ラーメンの元祖「吉村家」創業者が働いていたことから、家系のルーツといわれる。鶏油《チーユ》、ほうれん草の有無など違いもあるが、確かに土台は似ている。その一つが味変アイテムだ。山香店でも卓上に辛味噌、ニンニクが置かれ、皆が自由に味変をしていた。

自由といえば、チェーン店としてもラーショは緩い。フランチャイズ料はなく、代わりに元だれや味噌などを本部から仕入れている。メニューも統一していない。山香店独自の「かぼすつけ麺」があれば、大分名物の唐揚げも出す。

「どこでも同じ味」がチェーン店の基本のはず。でも、ここは違う。食べ手も、つくり手も自由なのだ。だから人を惹きつけるのかもしれない。

大型トラックでの客も多い、
ラーメンショップ　山香店

歴史も一緒に頂く

若竹食堂（熊本県水俣市）

年輪を刻んだ看板には「うどん」「カレー」の文字が躍る。「若竹食堂」は、よくある郊外の大衆食堂の趣きだ。のれんをくぐると店内は地元客らしき人たちばかり。いわゆる食堂メニューが並ぶ中、多くがラーメンをすすっていた。

周りにならってラーメンを注文した。豚骨スープはすっきりながらうま味は十分。中太麺は柔めのゆで加減でスープと一体感がある。熊本ラーメンとは一線を画すが「揚げニンニクを入れてもおいしいですよ」と店主、竹田忍さん（79）。途中から熊本らしくニンニクを投入し、コクが増したスープを飲み進めると丼の内側に「明陽軒」という文字が現れた。

「若竹食堂になる前の店名ですよ」

明陽軒は昭和41年、竹田さんの母、静子さん（故人）が核となって水俣の中心街で開業した。当時、父の力さん（故人）が印刷業を営み、その従業員が久留米のラーメン店で働いた経験があった。だからラーメンだという。竹田さんも店に入った。チッソの企業城下町の賑わいもあって大当たりし、工場正門前に支店も出した。

その頃、一人の若者が国鉄水俣駅に降り立った。チッソが水俣病の原因となるメチル水銀を生成するアセトアルデヒドの製造を中止した昭和43年のことだ。

神戸市の大谷国彦さんはチッソの新入社員として独身寮に入寮。そこで先輩が出前を取ってくれたのが明陽軒だった。

「世の中にこんなおいしいラーメンがあったのか」。関西出身の大谷さんにとって衝撃的な出合いとなった。

賠償に煮えきらない会社に対する義憤もあり、大谷さんは約2年で退職してしまう。ただ、妻は水俣出身で帰省するたびに思い出の一杯を味わった。しかし「ある時、店がなくなっていたんです」。

竹田さんによると、両親は昭和50年に店の権利を売った。その後、経営者が交代して店自体は存続していたが、20年近く前に完全に姿を消した。竹田さんが若竹食堂を始めたのは昭和54年のこと。「郊外でラーメンだけでは厳しい」と食堂メニューを増やした。それでも1番人気はラーメンだという。

『前身が明陽軒と知らなかった』という人は今も来ます」と竹田さん。「元チッソ関係者だけでなく、里帰りした水俣出身の人たちもやってくる。大谷さんも13年ほど前に存在を知って駆けつけた。「あの時の味のままだった」と感激する。

竹田さんは今、息子の峰征さん（38）と厨房に立つ。「懐かしく思う気持ちはありがたい。できる限り続けたい」。場所、屋号が変わっても記憶に残り続ける。そんな思い出の味を今日もつくる。

わかたけしょくどう
熊本県水俣市深川212の2
☎0966-63-6752

ラーメン一杯750円。ランチタイムに行くといつも大忙し。その上に出前もこなしているのだから、本当に頭が下がります

伝わったものを育む
天琴（熊本県玉名市）

てんきん
熊本県玉名市高瀬408の5
☎0968-72-2392

右／見た目通り、ラーメン（800円）のスープは濃厚である　左／大量の骨を使ってスープをつくる中村憲一さんあの人にもう少し話を聞いておけば。記者人生でそう思ったことが何度かある。その一人が四ケ所日出光さん（左ページ写真）。白濁豚骨発祥の「三九」を営み、豚骨ラーメンを九州各地に広げた人物だ。かつて一度だけ取材をしたものの、久留米時代の話が中心だった。豚骨普及の結節点となる熊本県玉名市の支店については深く聞けないまま、平成28年に88歳で世を去った。

三九は戦後すぐの久留米で始まった。四ケ所さんは昭和25年頃に創業者から屋台を受け継ぎ、すぐに店舗展開に乗り出す。その一つが昭和27年に国鉄高瀬駅（現在のJR玉名駅）前に構えた玉名支店で、熊本初のラーメン店とされる。

「うちのおやじはその白濁豚骨に衝撃を受けて修業に入ったそうです」

玉名随一の老舗「天琴」も四ケ所さんの影響を受けた店の一つ。店を訪ねると2代目の中村憲一さん（59）がそう話してくれた。父親の敏郎さん（88）は、長崎・島原の中学を卒業後、食い扶持を求めて玉名に来ていた。三九で修業後は、既に増えていたラーメン店数店で職人として働き、最後は「天琴」に収まる。そのオーナーから店を譲り受けたのが昭和32年。21歳で職人兼経営者になったというわけだ。

珍しい味に惹かれたのは敏郎さんだけではない。熊本市の「こむらさき」「味千ラーメン」、宮崎市の「きむら」といった老舗の創業者も玉名で学び、それぞれの地で豚骨ラーメンを広めている。

四ケ所さんへの取材では、結婚を機に玉名支店は5年ほどで閉じた、と聞いた。同時に久留米の屋台を引き払って佐賀に移転。この店は佐賀ラーメンの元祖として語り継がれている。

「三九で修業したとはいえ、味は全く違いますよ」

天琴の中村さんは、四ケ所さんのラーメンを佐賀で食べたことがあるそうだ。その時、自分がつくる一杯との違いに驚いたという。

僕もそう思う。まず見た目から異なる。四ケ所さんのは白濁で、こちらは茶褐色。スープに使う骨の量も断然多いのが分かる。表面には分厚いラードが浮かぶが、食べてみるとスープと馴染んで「こってり」すぎない。そして、しなやかな麺ともよく合う。玉名ではトッピングに焦がしニンニクを置く店が多いのだが、天琴も例外ではない。途中で投入すると、濃厚な中に香ばしさが膨らんでいった。

三九で修業した者は他にもいる。彼らが店を構え、後進に味を伝えた。数珠つなぎのように豚骨は広がり、今や「玉名ラーメン」は、ご当地ラーメンの一つとなっている。

中村さんのキャリアは30年ほど。大学卒業後、サラリーマン生活を経て飛び込んだ世界で、父親の仕事の大変さを実感することになった。

大量の骨をガスバーナーで長時間炊くスープは手間とコストがかかる。焦がしニンニクづくりも簡単ではない。乾燥ニンニクを油で揚げる方法もあるがそうはせず、乾燥したものを生に戻し、刻んで、

煎って、焦げを取り除くのに3時間。ラードも既製品は使わず、豚の脂を鍋で熱してつくる。スープとなじみが良かったのは自家製だからかもしれない。

中村さんの仕事を象徴するエピソードがある。先日、福岡市であった飲食関係の展示会に行った。その際、縁の広がりを抑えて、角度を急にした丼を紹介されたという。「『スープを1割減らせるから』と。それじゃあ麺が泳がない」。おいしいものをつくる。その点においては決して楽をしないのだ。

「もし都心にあったら、店は長く続いてなかった」とも打ち明ける。家賃に豚骨のにおい。都心のラーメン店にはこの問題がついて回り、何事にも効率化が求められる。

「玉名だからできた。この場所にあるのが最終的に武器になるのかな」

結局、この町に「三九」のはっきりとした痕跡は見つけられなかった。ただ、駅までの帰り道、老舗らしきラーメン店がいくつかあった。いずれも軒先まで豚骨のにおいを漂わせている。どこかに四ケ所さんがいるような気がした。

老舗は思い出も背負う
桂花ラーメン（熊本市中央区）

けいからーめん
熊本市中央区花畑町11の9
☎096-325-9609

右／桂花の立ち上げに関わり、後に「味千ラーメン」を創業した重光孝治さん　左／「太肉麺」（1100円）は東京では今も１番人気という

もう25年以上前の学生時代の話。福岡から上京したての僕は、豚骨ラーメンを欲していた。とはいえ当時の東京には豚骨を出す店は少ない。ネットも普及しておらず探すのも一苦労。そんな中、高まる〝豚骨欲〟を満たしてくれたのが熊本発祥の「桂花」だった。

東京に進出したのは昭和43年とかなり早く、九州豚骨の草分けとして知られる。「熊本ラーメンを国民食にしたい。創業者はそう考えていました」とは、桂花ラーメン社長の中山雅光さん（52）。昭和30年に久富サツキさん（故人）が熊本市内で創業。ほどなく人気となった理由の一つが「マー油」にあった。ニンニクや香味野菜をラードで揚げた、今や熊本ラーメンの代名詞。桂花はその元祖とされている。

「魔法のようにおいしくなるから『魔油』。転じてマー油。うちではそう呼んでます」と中山さん。そのおかげか10年目に市内に2店舗目を出し、次は県外出店を模索していた。その時久富さんが「福岡に出すくらいなら東京に行こう」

と勝負をかけたという。

東京進出の際、新メニュー「太肉麺《ターローメン》」を考案している。基本のラーメンに豚の角煮などをトッピング。学生だった僕のような若者の胃袋を満足させたボリュームある一杯だ。

久しぶりに頂くと「これこれ」と懐かしさがこみ上げてきた。豚骨に鶏がらを少し混ぜたスープ。あっさり目の味わいにマー油がドライブをかけてくれる。コシのある麺。柔らかい角煮は食べ応え十分。キャベツで野菜不足を補った気になっていた昔を思い出した。

平成22年、桂花は苦境に陥っていた。久富さんの娘で2代目の旅井瑞代さん（76）が民事再生法適用を申請したのだ。順風満帆にも思えていたが、過剰投資や競争激化で資金繰りは悪化していた。

救いの手を差し伸べたのは、一大チェーン「味千ラーメン」を展開する「重光産業」社長の重光克昭さん（55）＝右ページ写真＝だった。「熊本ラーメンを広げた第一人者。東京にも知名度がある桂花を守りたかった」。幾度となく旅井さんの相談に乗り、資金援助をしてきた。平成23年には桂花から事業譲渡を受け、社長に就任した。

重光さんは言う。「歴史はつくろうと思ってつくれるものではない」と。そして意外な言葉をつないだ。「家族でもありますから」

重光さんの父親の孝治さん（大正14年～平成9年）は台湾生まれで、15歳の時に九州に来て、名を劉坛祥《りゅううんしょう》から改めた。最初の結婚相手こそが桂花創業者の久富さんであり、旅井さんと重光さんは異母姉弟に当たる。

孝治さんは熊本ラーメン草創期のキーパーソンでもある。昭和27年に福岡・久留米の「三九」が熊本・玉名に支店を出し、そこを訪れた男3人が熊本市にラーメンを持ち帰ったのはよく知られた話。一人は「松葉軒」、もう一人は「こむらさき」を開業。そして残る一人が孝治さんだった。桂花は孝治さんと久富さんで立ち上げたといっていい。マー油は台湾南部の麺料理を参考に生みだし、屋号は兄の名前「桂火」から取った。

その後孝治さんは、桂花を離れて昭和43年に味千ラーメンを創業。重光さんが2代目を継いでからも成長を続け、今や国外も含め700店近くを展開する。重光さんは経営判断をする際「もし先代だったら」と考えるという。旅井さんから相談を受けた時もそう。「父はずっと桂花のことを気にしていた。生きていたら手助けしたと思う。家族として」

事業を引き継いだ重光さんは桂花の社長の座を中山さんに譲っている。桂花は桂花らしく、味千の色に染まってほしくないと考えたからである。

歴史はつくろうと思ってつくれるものではない―。重光さんの言葉を反芻した。僕にとっての桂花は東京で食べた熊本の味。それが学生時代の日々とともに記憶されている。重光さんが守ったのはのれんだけではない。老舗は人々の思い出も背負っている。

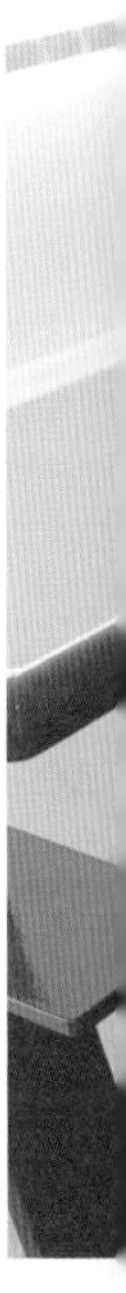

やはり裏通りが好き 埼陽軒（熊本市西区）

きようけん
熊本市西区二本木2の1の19
☎096-353-5609

右／ニンニクがほんのり効いたラーメン（700円）
左／「県外からのお客さんでキャリーケースを転がしてこられる方もいます」と貢さん親子

最近、列車で旅すると駅の変わりように驚くことが増えてきた。九州の主要駅は再開発ラッシュ。ビルができて飲食店が充実するのはありがたいが、一方でさみしさもある。なぜなら、周辺の裏通りがどんどん減っていくから。

JR熊本駅もきれいになり、商業施設が完成した。でも僕は裏通りに足が向いてしまう。目的は駅から南東方向にある「埼陽軒」。今となっては面影はあまりないが、作家の村田喜代子さんが小説「ゆうじょこう」で描いた「二本木遊郭」があった界隈である。5分ほど歩くと木造平屋が見えてくる。店内はいかにも昭和な佇まい。カウンターに座って上を見上げる。壁に飾られた色紙は、ハナ肇に若山富三郎、若林豪…。渋い。

「昭和40年に父方の叔母が近所で始めたんですよ」。店主の貢慎一郎さん（42）は店の歴史を教えてくれた。父親の邦雄さんの実家はもともと乾物屋をやっていたが、近くにスーパーができたことでラーメン屋にくら替えした。味は、叔母さんが市内の店で習ったという。

叔母さんの結婚後は邦雄さんの兄にバトンタッチ。その兄が焼肉屋を始めたために邦雄さんがのれんを継ぐことになった。それが昭和49年のこと。近隣はホテルや旅館が密集していた。「良い時代でしたよ。夜中の1、2時くらいまで賑わってました」と貢さんの母ミヨノさんは思い出す。ちなみに邦雄さんの兄は、店をやる前に神奈川県警に勤めた経験があった。「屋号は横浜の老舗『崎陽軒』からとったと思います」とミヨノさん。

この土地で生まれ、この土地で育った邦雄さんは地元を愛した。商売より、祭りや寄り合い、飲みごとの方を大切にしていたそうだ。「おやじは人間性で人を呼んでいた気がします」と貢さんは言う。その言葉にうそはないのだろうが、ラーメンももちろん素晴らしい。

派手さはなく、郷愁あふれる見た目。淡いけれどうま味のある豚骨スープ。熊本ラーメンらしい焦がしニンニクがそのうま味を増幅してくれ、最後はほのかな獣感が余韻として残る。ちょっぴり芯を残した麺もするりと胃の中に収まった。

ミヨノさんは「シンプルでしょ。昭和の味そのまんまだから」。貢さんは「飽きない味ですよね」と言葉を継ぐ。僕は返した。「本当にそう思います」

実は、ラーメンを食べながら、1年前のことを思い出していた。その日、埼陽軒に行くと邦雄さんが小上がりに座って常連客と話していた。「ここのラーメン好きなんです。今度取材させてください」。帰り際にそう声をかけると笑顔でうなずいてくれた。しかしそれはかなわなかった。邦雄さんは令和4年3月に逝去したからだ。

貢さんにとっても父親の存在は大きい。「おやじ目当てで来るお客さんが多かった。今はそう実感しています」。同時に跡を継いだものとしての矜持もある。「日によっても違うし、ぶれることもある。単純だからこそ難しいけど昔ながらの味を出し続けたいです」

熊本地震以降、この界隈も古い建物の建て替えが加速している。駅だけでなく、街はどんどん新しくなっていく。でも僕の足はこれからも裏通りに向かう。

川崎の地元麺? 確かに
辛麺本舗さやか（宮崎県延岡市）

藤田紀佳さんは「発祥の味を食べに来てください」。そのことが地元・延岡への恩返しにもなると信じている

からめんほんぽさやか
宮崎県延岡市川原崎町175の1
☎0982-31-4040

辛さは「抜き」から「15辛（激辛）」まで選べる。辛麺４辛（中辛）で930円。創業時からのナンコツも人気

20年近く前だろうか。初めて「宮崎辛麺」を食べたのは福岡・中洲にある「辛麺屋桝元」だった。当時から人気はあった（今も営業中）が、夜専営業で「知る人ぞ知る」存在だったのは否めない。

近年、その辛麺がブームとなっている。全国各地で宮崎辛麺を掲げる店がオープンし、路面店やフードコートで食べられる「身近な存在」になった。発祥の地は宮崎県延岡市。ここ「辛麺本舗さやか」は、その元祖として知られている。

メニューを見ると、小辛、中辛、大辛、そして特辛、激辛まで選べる。中辛を注文してしばし待つと、大ぶりな丼が運ばれてきた。唐辛子が浮いた赤いスープに黄色の溶き卵、緑のニラが映える。まず一口。印象は「うま味があって、思ったほど辛くない」である。店主の藤田紀佳さん（52）は「韓国産の唐辛子だからでしょう。父と母のこだわりでした」と話す。藤田さんの両親、原田武明さん（故人）と延子さん（79）こそが宮崎辛麺の生みの親なのだ。

誕生のきっかけも聞けた。2人は昭和59年に延岡市の中心部で小料理屋「桝元」を開いた。和食の店だったらしいが、3年ほどたった頃に裏メニューを考案。その一品こそが辛麺だったというわけだ。

「参考にしたのは川崎で行きつけだったお店の麺料理です」

藤田さんは子どもの頃、神奈川県川崎市に10年近く住んだ時期があった。当時、両親が好きだったのが「元祖ニュータンタンメン本舗」の名物メニューだった。川崎のソウルフードでもあるタンタンメンは唐辛子の赤に染まった鶏がらスープで、溶き卵が載る。確かにルックスは似通っている。ただ、麺が違う。

スープの中から麺をつまみ上げた。すると中華麺ではなく、透明感を残した麺が姿を現す。「こんにゃく麺です」と藤田さん。といっても、こんにゃくではなく、そば粉を使う。韓国冷麺のような弾力があり、ツルっと胃に収まった。韓国産唐辛子に、韓国冷麺のような麺…。川崎にはコリアンタウンがあったため、身近な食材でもあったそうだ。裏メニューは口コミで広がり、看板メニューになった。藤田さんは18歳から手伝い、繁華街に桝元中央店を開いて独立している。

その後も勢いは止まらない。直営やフランチャイズで店舗を広げる（中洲の店もその頃からという）。しかし急速な拡大によって経営は悪化。平成14年に会社売却にまで追い込まれた。

「その時、両親の本町店と私の店だけは売らずに、『桝元』の名前のままで営業を続けたんです」

売却先の企業（現在の株式会社桝元）は積極的な展開で辛麺ブームを主導することになる。一方の藤田さんは平成29年、中央店を現在の場所に移転し、屋号を「辛麺本舗さやか」にした。その3年後に延子さんは本町店を手放した。

ただ、店名は変わっても、源流につながる味は、地元客や県外客たちを惹きつける。「本場の辛麺を食べに来てもらうことで、延岡への恩返しになれば」

川崎から始まり、延岡で華開いた味は、辛苦も乗り越えて受け継がれてきた。大きな丼にはさまざまな思いと歴史が詰まっている。

羊羹みたく運ばれて
再来軒（宮崎県延岡市）

さいらいけん
宮崎県延岡市旭町1の3の12
☎0982-32-4477

右／火力の強いボイラーで豚骨を炊いたラーメン（700円） 左／「体の続くかぎりやりたい」と大野隆治さん、記美代さん夫婦

「宮崎っぽくないな」というのが第一印象だった。見た目からそう。茶褐色スープに海苔が載る。久留米や北九州系の佇まいで、あっさりが主流の「宮崎ラーメン」とは一線を画す。実際にすすっても印象は変わらない。口当たりはマイルド。でも継ぎ足しスープゆえなのか、重層的なコクがある。「もともとは久留米の職人さんから習ったんですよ」。店主、大野隆治さん（68）の言葉に思わずニヤリとした。

創業したのは大野さんの父義雄さん。聞くと佐賀県小城市の出身だそうだ。縁もゆかりもない宮崎になぜ進出したのか。その理由がおもしろい。

戦後間もない頃の話。義雄さんは小城名物の羊羹職人で、弟虎男さんは羊羹などの卸店で働いていた。小城羊羹は「かつぎ屋さん」と呼ばれる行商人が鉄道で販路を拡大していくのだが、2人は同じようなことを考えたようだ。

「最初は佐伯を選びました」。まずは弟が動く。虎男さんは日豊線の佐伯駅（大分県佐伯市）に降り立ち、商いの場所を探していると住民からこう言われた。「南に行ったほうがいい。大きな街があるから」。その言葉を信じてたどり着いたのが大手化学メーカー「旭化成」誕生の地である宮崎・延岡だった。この企業城下町を新天地と定め、羊羹店の開業にこぎ着けたのだ。

「事業はうまくいき、父を呼び寄せたそうです」。昭和30年、義雄さんは妻の政子さんと延岡に移り住み、弟とともに働いた。当初は大衆食堂内で羊羹を販売。そのうちに食堂から「継がないか」と持ちかけられ、譲り受けることになった。そこでラーメンを始めたのは延岡に住んで2年目のことだという。「久留米から職人を雇い入れて、食堂の一角にスペースを作ったそうです。それが『再来軒』の始まりです」

時は高度成長期の入り口。延岡の賑わいはすごかった。大野さんは少年時代の記憶を昨日のことのように話す。

当時、給料は現金支給。サラリーマンたちは給料袋を片手に飲み歩き、深夜にラーメンをすすりに来た。「夜中までお客さんがいっぱい。寝てても酔っぱらいの声に起こされてね」。出前もひっきりなしで、スープが冷めないよう魔法瓶に入れて配達した。忙しいときは佐賀から親戚が駆けつけてくれた。

大野さんが厨房に入ったのは22歳の頃。両親や従業員からつくり方を習った。ちなみにその従業員は義雄さんが佐賀で羊羹職人をしていた時の同僚だという。彼はその後に独立。今も営業する延岡市の老舗「さがや」の創業者でもある。

父親の下での修業は1年ほどで終わってしまう。昭和54年2月、義雄さんは脳梗塞で倒れ、そのまま帰らぬ人になったのだ。「倒れる前日に『ラーメンつくってくれ』と言われたんです。そんなこと初めてだったんですが…」と大野さん。「おいしかったわ」。最後の晩さんになるとは夢にも思わずに聞いた父の言葉は、今も胸に刻まれている。

のれんを受け継ぎ、40年以上がたつ。その間、産業構造の変化もあり、企業城下町の姿も変わった。「旭化成の社宅は大型ショッピングセンター。中心部の飲み屋街もどんどん小さくなってね」

それでも新たな挑戦を続ける。伝来のスープに合うようにと自家製麺にした。季節ごとに加水率を変えている麺は、エッジが立っていてスープをまとってくれる。また県外にいる出身者にも味わってもらおうと通販も始めた。今は妻の記美代さん（65）と切り盛りするが、「後継ぎがいないのが悩み」と口をそろえる。

取材中、カウンターで麺をすすっていた客が大野さんに話しかけてきた。出身地の延岡に出張中という男性（60）＝福岡県糸島市＝は「やっぱりこの味。ここでしか食べられんですもんね」とうれしそうだった。

街は変われども、人々の記憶はずっと変わらない。「宮崎っぽくない」。そんなことを思ったのを恥じた。今では宮崎、延岡の味なのだから。

二つの屋号の意味
きむら大淀店（宮崎市）

きむらおおよどてん
宮崎市恒久4942の2
☎0985-59-6477

右／４代目の西久保耕生さん　左／代々伝わり、変化してきたラーメン（830円）。今はこれこそが宮崎の味だ

豚骨スープはもともと透き通っていたことは案外知られていない。今、多くの人が思い浮かべる白濁した豚骨の始まりは終戦直後。久留米の屋台「三九」から広がった。画期的だったのだろう。交通事情は悪く、ネットもない。そんな時代にもかかわらず瞬く間に九州各地に波及した。宮崎県における白濁豚骨発祥の店として知られるのは70年以上続く老舗「きむら」だ。創業店こそ閉じられたが、今も宮崎市内2カ所で営業。そのうちの一つ「大淀店」に向かった。

到着してまず店名表記の〝揺れ〟に気付いた。外の看板に書かれた「きむら」に対し、のれんには「喜夢良《きむら》」と染め抜かれている。4代目の西久保耕生さん(52)に聞くと「二つの歴史を継承していますから」。一つは先代の父、耕信さんが作り上げた歴史、そしてもう一つは創業者による歴史だという。

「木村一《はじめ》さんという方が始めたと聞いています」

ただ、西久保さん親子とは面識がほぼなく、詳しいことは分からなかった。

「宮崎もそうですが、その前に熊本でラーメンを広げた方ですよ」

木村さんのことを調べていると、九州ラーメン研究会の原達郎さん（79）＝福岡市＝にたどり着いた。生前のことを知る原さんによると、木村さんは宮崎生まれ。昭和25年ごろ、熊本市で不動産業と中古車販売を3人で営んでいた。ところがその事業、うまくいかなかったらしい。そんな折、玉名で食べたラーメンに衝撃を受けた。

「これは商売になる！」。その店こそが久留米から玉名に支店を出したばかりの「三九」だった。

味を学んだ木村さんは熊本市で「松葉軒」を開業し、ほどなく店を譲り、昭和28年に古里の宮崎で「喜夢良」を始めた。ちなみに残りの2人のうち、山中安敏さんは「こむらさき」、重光孝治さんは「味千ラーメン」を立ち上げ、ともに熊本を代表する店になっている。

原さんは続けた。「木村さんは喜夢良を売り、熊本に移ったそうです」。木村さんの手を離れた歴史は、西久保家によるもう一つの歴史につながっていく。

木村さんがバトンを託した2代目の期間は極めて短かったようだ。昭和45年ごろ、仕事を辞めたばかりだった耕信さんは、2代目と知り合いの親戚に「ラーメン屋をやらないか」と持ちかけられた。木村さんの元で働いた従業員からつくり方を習って、店舗と味を引き継いだ。

場所は繁華街のほど近く。しかも珍しい白濁豚骨とあって人気を博した。昭和56年には宮崎神宮の近くに支店をオープン（現在は場所を移し「北店」として営業中）。その際に支店の屋号を「きむら」に変えた。「父にとって『自分の店』という自負があったのでしょう」。ただ支店の入り口に掛かるのれんは「喜夢良」のままにして創業者への敬意を示した。

そんな父親の背中を見て育った西久保さんは自然と後を追った。20歳すぎから本格的に働き、平成8年の「きむら大淀店」オープン以来、ずっと同店を仕切る。伝統を守りながら自家製麺を始めるなど独自色も出している。

平成18年、耕信さんの体調不良のため繁華街にある本店は閉じられた。「喜夢良」の屋号は途絶えてしまったが、支店ののれんはそのままに今に至っている。

「木村さんの思いと、そこからつながる歴史を絶やせない責任がありますから」。西久保さんはそう言いながら丼を差し出した。

茶色がかったスープは元だれが立ちつつ、あっさりまろやかな味わい。ほろほろ崩れるチャーシューは味付けがしっかりで、スープのアクセントにもなる。コシのある中細麺もよく絡んだ。

北九州、佐賀、日田、玉名、熊本、宮崎…。「三九」を祖にした白濁豚骨は、各地に広がった。僕もそのいくつかを味わったが、同じ久留米発祥と思えないほどそれぞれが違っていた。

ラーメンには、つくり手、食べ手の好み、土地の味も加わる。きむらの一杯もしかり。歴史を重ねたゆえの味わいが丼の中にあった。

ぷ〜んと獣臭の味
拉麺男（宮崎市）

らーめんまん
宮崎市村角町坪平1221の1
☎0985-27-7277

左／「働くのは苦じゃない」と釘崎清一郎さん
右／「こってりトンコツ」は890円。早朝６時からの朝ラーは560円で提供する

宮崎市中心部からバスに揺られること約20分。降車してからは、田園風景が広がるのどかな道を歩いた。十数分たった頃だろうか。何とも言えない豚骨臭が漂ってきた。においに惹きつけられるように歩を進めると一軒のラーメン店にたどり着く。緑色ののれんには「拉麺男」と染め抜かれていた。

創業時からの味という「こってりトンコツ」を注文した。ほどなくして配膳されたラーメンは茶褐色のスープで見た目から濃いと分かる。口にすると、思っていた通り濃度高めで豚骨の熟成臭も結構なもの。キレのある元だれも負けておらず、ぐいぐい引っ張ってくれた。

麺もいい。箸でつまみ上げると、その長さに驚いた。店主の釘崎清一郎さん(56)は言う。「30センチあります。すするのは文化。ずずっといってください」。遠慮なく、ずずっといく。エッジの立った麺は粘度の高いスープをほどよくまとって一体感を演出する。麺自体の舌触りは滑らかで心地よかった。

宮崎出身の釘崎さんは高校卒業後、鹿児島市内の電子部品メーカーに就職していた。「その頃から食べ歩きを始め、ラーメン好きを自覚しまして」。休日は九州各地で店巡り。そこではまったのが久留米のラーメンだった。「濃くて、ぷーんと獣臭がするのが好き。じゃあ自分でつくってみようと思ったんです」

若き頃の勢いはすごい。すぐに仕事を辞めて宮崎に帰郷。修業先として「風来軒」（宮崎市）を選んだのは、その濃さに惚れたからだ。「きむら」「栄養軒」といった宮崎の老舗はどちらかといえばあっさり味の豚骨だが、平成元年創業の風来軒は濃厚な一杯で宮崎に新たな風を吹かせていた。

5年間の修業を経て、独立したのは平成10年のこと。風来軒譲りの濃いスープを軸に「もっと熟成臭がほしい」と改良を重ねた。最初の数年はだめ。ただ、理想の味に近づくにつれて徐々に客が増えていき、平成14年に現在地に移転する頃には人気店となっていた。

「拉麺男」の名をさらに知らしめたのが開業10年目にスタートした〝朝ラー〟である。午前6時から営業し、土日は午前11時までに４００杯を売る日があるほどの人気を博す。

その始まりは「失敗」がきっかけという。「平成21年に宮崎市に2号店を出したけれどうまくいかずに閉店してしまったんです。でも従業員の生活もある。それなら営業時間を長くしようと」

宮崎には朝うどんの文化があることも背中を押した。野菜、鶏がらを加え、熟成させずにおいを抑えたあっさり味がヒット。経営を支えてくれるようになった。「あくまでこってりトンコツが基本。でも、こってりは手間がかかるから」

実はこの日の取材を申し込んだのは当日朝6時過ぎのことだった。前日に電話したが店は定休日だったため、当日朝になったのだ。急なお願いにもかかわらず、電話口の釘崎さんは「夕方以降なら」と受け入れてくれた。「今日はずっと厨房作業があるので」と付け加えて。

こってりトンコツは大量の骨を使う。熟成させるために炊き続ける必要がある。その一方で、焦げ付かないように5分に1回は混ぜなければならない。規定の時間を炊けば完成するタイプのスープではなく、濃度を一定に保つのも難しい。

普段は夕方以降も仕事をしている。午後10時閉店だが、それで終わりではない。深夜0時まで火は消さない。しかも午前2時に再び火を入れなければならない。この作業を社員で分担して回している。「大変だけれど体力の続く限りつくり続けたいです」

食べ物の中で一番好きなのは今もラーメンだという。食べ手として、暇があれば他店を巡る。つくり手として毎日スープに向き合い、製麺もこなす。

「自分の目の届く範囲しかだめだと分かりました」

多店舗化はもう考えていないという。濃くてぷーんと獣臭のする一杯は、広がるのではなく、ますます濃厚になっていくのだろう。

トレンドに左右されない
来々軒（宮崎県小林市）

らいらいけん
宮崎県小林市本町32
☎0984-22-2334

右／「大阪から戻ってきて、やっぱりうちのラーメンはいいと再認識しました」と話す川南勝裕さん　左／ラーメンは一杯700円

「県外からのお客さんも多いですよ」。店主の川南勝裕さん（40）はそう話す。最寄り駅には、普通列車が1日8往復程度。車でも福岡市から3時間かかり、アクセスは良くない。でも配膳された一杯を見れば、川南さんの言葉はうそではないと分かった。

〝いにしえ系〟とでも言おうか。豚骨のげんこつのみを使ったスープは、軽く白濁している。口に運ぶと、ひと口めからまろやかで滋味な味わい。パンチは弱めなので、物足りなさを感じる人がいるかもしれない。でも、そのままもうひと口いってほしい。徐々にうま味が重なっていくはずだから。

コクのあるスープの秘訣は、いくつかある。骨の丁寧な下処理、火加減の調整、そして古いスープと新しいスープを混ぜる呼び戻しといわれる手法だ。「実はもともとは久留米なんです」と川南さんは教えてくれた。

創業は昭和28年、祖父の輝夫さんが始めた。「当時の話を」と切り出したが、川南さんは「よく分からないんです」。

祖父も、2代目の父輝美さんも既に他界している。「久留米の『光華楼』の人から教えてもらった。それくらいしか知らないので…」

光華楼とは、福建省出身の翁善畊《おきなぜんこう》さんが大正6年に創業した中華料理店のこと。令和3年に閉業してしまったが、善畊さんの孫の翁一生さん（82）に会うことができた。

久留米市の自宅を訪ねると「輝夫さんは光華楼で働いてましたよ」と話してくれた。光華楼では中国の料理人を多く雇っていたが、戦後は人手不足になった。その時に働き始めたのだという。でもなぜ、輝夫さんが？

「親戚だからですよ」

輝夫さんには光子さんという姉がいた。そして光子さんは一生さんの母親でもあった。つまり、一生さんは輝夫さんのおいっ子というわけだ。

輝夫さんは、光華楼を離れた後に「来々軒」を開く。屋台から始まり、久留米市中心部の文化街にカウンターだけの小さな店を持った。

「いつだったかな。小林に飲み屋を出していた人から言われたの。『あっちは金払いのいい人が多い。ラーメン屋もないぞ』ってね」

その言葉で移転を決めたのかは、もう分からない。ただ、来々軒は昭和36年に小林市で店を構えている。

「開店ほどなくして遊びにいったけど、すでに繁盛しよったですよ」と一生さんは付け加えた。

再び舞台を小林に戻そう。店の2階で育った3代目の川南さん。階下からはいつも賑わう音が漏れ聞こえた。移転は大成功。「祖父は『お金を数える暇がないほど売れた』と言ってました」。自身も当然継ぐつもりで、一時期は大阪のラーメン店で働いた。27歳で戻ってから家業を手伝うようになる。ただ、初代から3代目まで全員がそろった厨房は長くは続かなかった。

平成27年頃から高齢の輝夫さんは休みがちになった。そして、輝美さんにがんが見つかる。

「2人がいるからと甘えていた部分もあった。自分はまだまだ。晩年の父からは、いろいろなことを教わりました」

祖父、父へと伝わった味を自分が中心になってつくるようになった。元号が平成から令和に変わる年、その姿を見届けたかのように2人はこの世を去った。

「やっぱりこれがラーメンよね」と、年配の客から言われることがある。川南さんはその言葉がうれしい。透明感があるスープに、薄い味付けのチャーシュー、輪切りにしたゆで卵に海苔が載る。これは久留米の老舗でたまに見かけるタイプでもある。今でこそ久留米といえば「濃厚なスープ」をイメージするが、かつてはこんな感じだったのだろう。小林に移転したからこそ、トレンドに左右されずに残ったのかもしれない。

「あまり歴史を聞いてこなかったので」と話す川南さん。ただ、彼のつくる一杯は間違いなく歴史を伝えている。

スープより麺が先？
ざぼんラーメン（鹿児島市）

ざぼんらーめん
鹿児島市与次郎1の6の20
☎099-257-0605

左／ラーメンは900円　右／「母からは『ラーメンの味は変えたらいけん』って言われました」と下原弘文さんは振り返る

まず丼にスープを注ぐ。次に麺を投入し、最後に具材を盛り付ける。一般的なラーメンづくりの手順に異論を挟む人はいないだろう。だが、そこが鹿児島ならば話は変わってくる。最初に麺、その後にスープ。普通とは順序が逆の店が少なくないからだ。記憶では鹿児島市の「ざぼんラーメン」もそうだったはず。確かめるべく本店に向かった。

とある平日、鹿児島へ向かった。さっそくラーメンを頼み、カウンター越しに店員の動きを追ってみた。まずは用意した器に元だれを垂らす。次に麺をゆで上げ、そのまま丼へ。続いてトッピングを全部盛りつけた。記憶は間違っていない。スープはやはり最後だった（写真上）。

「底の方からしっかり混ぜてくださいね」。できあがった一杯を手に、社長の下原弘文さん（80）が助言してくれた。

通常、スープを注いだ勢いで元だれは自然と攪拌《かくはん》される。一方、こちらは麺の上にスープを注ぐため元だれが混ざりにくいのだという。

試しに、最初はかき混ぜずにスープを

ゴクリといった。柔らかな豚骨だしが染みる。次に底の麺を箸でつかんで上下に混ぜる。するとすっきりスープに元だれの甘辛さが立ち上がった。キャベツ、もやし、メンマ、チャーシューなどの具材と一緒でも味はしっかり。麺の量も多くボリューム満点な一杯だった。

　なぜ麺が先？　空にした丼を前に、長年の疑問をぶつけてみた。すると下原さんは答えに窮した。

「それが当たり前と思っていたので、『なぜ』と言われても。食堂の時からそうでしたから…」

　下原さんの言う「食堂」とは、「西鹿児島駅構内食堂」のこと。昭和27年、両親の清市さん、シゲさん夫婦が戦禍から復興した西鹿児島駅（現在の鹿児島中央駅）で開業した。

「もともと天文館で食堂をやっていて、旧国鉄の要請で駅に移りました」

　ラーメンを始めたのは構内食堂時代とみられる。「メニューを増やそうと、母と姉で研究を重ねたそうです」と下原さん。ベースは豚骨。スープに野菜をふんだんに使ってあっさり目に仕上げたのは女性目線が反映されたからだろうか。じきに人気となり、昭和50年にはラーメン専門の「ざぼんラーメン与次郎店」（現在の本店）を開いた。店の周辺は今でこそ賑やかだが、当時は閑散としていた。ただ、その後市民文化ホールができ、県庁、企業が移転。街の活気とともに繁盛し、鹿児島を代表するラーメンとなった。

　ちなみに構内食堂は平成8年、九州新幹線開通に向けた新駅舎開業を機にラーメン専門店にくら替えした。陸の玄関口で地元の味を提供している。

　取材が一通り終わった後、下原さんは料理長の浜田博幸さんを呼んでくれた。構内食堂時代から働く浜田さんへの質問はただ一つ。なぜ麺が先？

「麺に元だれの味をしっかり付けるためですよ。途中で混ぜると味の変化も楽しめるでしょ」。浜田さんは続けた。「老舗はだいたいそうですよ」

　鹿児島ラーメン発祥の店は昭和22年に誕生した「のぼる屋」とされるが、既に閉業している。現存する老舗は昭和24年創業の「のり一」、その翌年に誕生した「こむらさき」あたりだろうか。両店に聞いてみると、どちらも「麺が先」だった。理由を問うと、のり一の神川照子さんは「創業者の夫の頃からだから、それ以外考えたこともない」。こむらさき2代目の橋口芳明さんは「熱々の状態で食べてもらいたいから最後にスープを入れるのです」と教えてくれた。

　九州のご当地ラーメンのほとんどが豚骨発祥である久留米ラーメンの影響を受けている。そんな中、鹿児島だけは例外として知られている。のぼる屋は中国、のり一とこむらさきは台湾の味をルーツに持つなど、独自の発展を遂げてきた。

「『味は変えるな』が母の教え。レシピも作り方も変えていません」。下原さんはそう強調していた。「麺が先」の理由は諸説あった。ただ、それぞれの店が鹿児島独自の製法を守り継いでいるのは確かなようだ。

指宿の吸引力の一つ
麺屋二郎（鹿児島県指宿市）

平成28年、ニューヨークでのラーメンイベントで人気投票と売上杯数で1位を獲得。翌年も優勝してニューヨークへの出店も果たす。「麺屋二郎」はこの成功とともに語られることが多い。ただ、代表の安間二郎さん（44）は外ばかりを向いていたわけではなかった。地元の鹿児島・指宿あってこそなのである。

もともとはアパレル出身。ショップを開き、洋服のデザインも手掛けていた。転機は26歳。知人のラーメン店のオープンを手伝って、「向いている」と思った。

行動は早い。鹿児島市の人気店「くろいわ」に飛び込み、27歳で市内に「TSUBAME」を開いた。あっさりとした鶏がらラーメンを提供。評判はよかったが、一日中働き詰め。「体が壊れる」と平成22年に指宿の実家に戻って再出発したのが麺屋二郎の始まりだ。

新天地では、子供の頃に食べていた味を目指した。使うのは豚骨と鶏がら。くろいわのつくり方を参考に独自のアレンジを加え、改良を続けてきた。創業以来1番人気の「焦がし豚骨かさね味」は、鹿児島らしさがありつつ、より醤油がかったスープ。「指宿はこのタイプが多かったんですよ」。滋味なスープに揚げニンニクなどの香ばしさが重なる。合わせるのはコシがある中太麺。噛み込むほどに小麦の風味が広がり、喉触りも心地よい。

オープン当初、客足は伸び悩んだ。転機は自家製麺への切り替えだった。さまざまな小麦粉を試し、塩、水、かん水の量は0・5グラム単位で変えた。麺が良くなるにつれて売れるようになった。

「こんな田舎のラーメン屋が。シンデレラストーリーでしょ」。キャナルシティ博多（福岡市）を皮切りに、神奈川・逗子を経てニューヨークに広げた。

さらに各地のイベントに積極的に参加してきた。その原動力の一つに「地元への貢献」がある。「福岡で食べたお客さんが本場を食べたいと指宿に来てくれたんです」。鹿児島市から1時間ほどかかる指宿。それでもこの一杯を求めて来てくれるのだ。

店舗展開はのれん分けやフランチャイジーに任せている。一方、指宿本店と指宿駅前店は直営にこだわる。それは「100年続くご当地ラーメンになりたい」との思いからでもある。

地元の人が食べてくれないとご当地の味とは言えない。「それは、つくるものではなく、つくられるもの」。小さい頃から親しんだ思い出の味こそが、ご当地ラーメンになると信じている。

鹿児島ではなく、指宿ラーメンにしたい。目指すところは「指宿から世界へ」であり、「世界から指宿へ」でもある。

めんやじろう
指宿駅前店／鹿児島県指宿市湊
1の9の16
☎0993-26-4358

「焦がし豚骨かさね味」は900円。「洋服のデザインも、ラーメンづくりも、自分自身を表現する点で変わらない」と安間二郎さん

九州豚骨今昔物語

1、発祥は久留米・南京千両

ラーメンの始まりについては諸説あるが、明治30年代頃に、横浜の南京街（現在の中華街）で食べられていたのは間違いないようだ。横浜生まれの劇作家、長谷川伸（明治17年〜昭和38年）は自伝「ある市井の徒」で、若き日の思い出の味を記し、その中に「ラウメン」が登場する。

〈ラウメンは細く刻んだ豚肉を煮たのと薄く小さく長く切った筍が蕎麦の上にちょッぴり乗っている〉

行きつけは「遠芳楼」。南京街にあり、一杯5銭だった。同じような店は他にもあったようだ。長谷川は続ける。〈これがたいした旨さのうえに蕎麦汁もこの上なし〉。この「ラウメン」は横浜の外に飛び出していく。そして、あまり語られることはないが、九州のラーメンにも影響を与えることになる。

九州で豚骨ラーメン発祥の店として知られるのは福岡県久留米市の屋台「南京千両」だ。その始まりについて店を切り盛りしてきた宮本チエ子さんからこう聞いたことがある。

「創業者が『南京街で流行しとる』と聞いて、現地で食べ歩いたらしかです。当時は『支那そば』と呼びよったみたい」

創業者とは宮本さんの義父にあたる時男さん。昭和の初め頃に「たぬき」という屋台を引いていたところ、噂を聞きつけて横浜に向かい味を覚えた。久留米に戻って研究を開始。出身地である長崎のちゃんぽんを参考にしながら豚骨スープをつくり上げたという。

南京千両のラーメン

昭和12年、支那そばをメニュー化したのを機に屋号を「南京千両」に変えた。ちなみに名の由来は、同年に日本陸軍が南京を占領したから。陸軍の師団司令部があった軍都久留米はそれほど沸いたのだろう。

長谷川同様に、久留米の人々は珍しい味に飛びついた。南京千両が先鞭をつける形でラーメン文化が華開いている。続々と後に続く店が現れ、今では「久留米ラーメン」というジャンルもできあがっている。

その南京千両は今、屋台は休業中。市内の店舗のみで営業する。久しぶりに店を訪ね、80歳を過ぎても変わらずに働くチエ子さんにラーメンを頼んだ。スープの白濁具合は控えめ。細かく刻んだ豚肉とシナチクが載る。長谷川が書いた「ラウメン」を彷彿とさせる見た目に、「うちは昔からこうよ」とチエ子さん。

久留米ラーメンは濃厚な味で知られるが、南京千両の一杯は違う。醤油の強いスープはあっさり。合わさる中太縮れ麺は九州では珍しいタイプだ。あっさりがゆえ、気付けばするりと胃袋に収まっていた。

屋台の灯りを消してしまった南京千両だが、店には「創業昭和十二年」と染めたのれんが掲げられていた。

2、ちゃんぽんと支那そばの邂逅

先日直木賞作家の葉室麟さん(平成29年に66歳で逝去)の七回忌の集まりがあった。参加しながら10年以上前の取材で話してくれた言葉を思い出していた。「アジアと結び付いた世界史を肌で感じられるから」。なぜ九州を拠点に執筆をつづけるのか?という質問への回答だったと思う。東京が中心なら九州はその「周縁」だが、アジアを中心に考えるならば九州はその「前線」ということだ。

飛躍するようだが、これはラーメンの歴史についても当てはまる。明治30年代に東京や横浜で「支那そば」「ラウメン」などとして食べられ始め、全国に広がった。それは一面では正しいが、九州に身を置くものとしてはあえて異論を唱えたい。同じ頃、既に長崎ではちゃんぽんが食べられていたからだ。

ちゃんぽん発祥の店は明治32年創業の「中華料理四海樓」(長崎市、本書２１０ページ)である。陳平順《ちんへいじゅん》は福建省出身で、19歳で来日。同郷の先輩から援助を受けながら、行商で開業資金をためて四海樓を開いた。

軌道に乗せた平順は先輩から受けた恩を後輩に返そうとしたらしい。多くの留学生の身元を引き受け、彼らのために古里の豚肉入り麺料理「湯肉絲麺《トンニィシイメン》」をベースに野菜や魚介を加えた「支那饂飩《うどん》」を生み出した。安くてボリュームある一品は人気となり、明治の終わりには「ちゃんぽん」と呼ばれるようになった。

支那そばとちゃんぽん。調理法や具材は違えども、両者はともに中華麺を使ったスープ料理という点では同じである。麺のコシや風味が違うのは、ちゃんぽんは、かん水ではなく唐灰汁《とうあく》(炭酸ナトリウムと炭酸カリウムを配合）でつくっているからだ。

　四海樓4代目で現社長の優継さんは先代たちの生き方を「恩送り」という言葉で表現する。恩を受けたならば、次の世代に引き渡す。いわば利他の心だ。

四海樓ビルにあるちゃんぽんミュージアムと4代目の陳優継さん

　この恩送りは、結果的に豚骨ラーメン誕生にも影響を及ぼしている。豚骨発祥の「南京千両」（福岡県久留米市）創業者である宮本時男さんは、横浜南京街の支那そばと、出身地の長崎のちゃんぽんを参考にラーメンをつくったという。この文化の邂逅がなければ、豚骨ラーメンは誕生しなかったのかもしれない。

　外から入ったものと、内から出てきたものが交じり合う。葉室さんの肌感覚は正しかった。やはり九州は、「周縁」ではなく、「前線」であるのだ。

3、継がれる沖縄の麺文化

　明治の中期以降、東京や横浜の中華街で「ラウメン」が食べられるようになった。同時期、九州・長崎では華僑が中華麺を使った「ちゃんぽん」を生みだし、豚骨ラーメンへとつながっていく。他方、大陸に近い沖縄では独自の麺文化が根付いていた。「沖縄そば」である。

ルーツは琉球王国時代の宮廷料理との説もあるが、詳しいことは分かっていない。沖縄生麺協同組合によると、明治30年代に庶民向けのそば店が出現し、徐々に沖縄独自の味が形成されていった。当初は「支那そば」と呼ばれ、「琉球そば」「沖縄そば」と呼称が変わったという。

　現存する店でもっとも古いのが、本島北部・本部町にある「きしもと食堂」だ。創業は明治38年。4代目の仲程弘樹さん（45）に聞くと、やはり最初は「支那そば」と呼んでいたらしい。

　仲程さんの曾祖父母、岸本恵愛《けいしょう》さんとオミトさん夫婦が始めた。先祖は大陸の出身。那覇の唐人集落・久米村で育ち、「そば」は家庭料理だった。明治維新、琉球処分と世の中は激変し、夫婦は那覇から離れて、本部町に移り住む。新天地で食堂を開いたのだが、その経緯がおもしろい。

　恵愛さんは琉球漆器の職人で、漆器には豚の血が必要だった。そこでオミトさんは知恵を絞り、血と豚骨も仕入れてそばを売り始めたのだ。当時は物々交換もまだ存在しており、「つくったそばで支払いに充てたらしいです」と仲程さんは教えてくれた。

祖母が2代目、母が3代目、地元で愛されてきた老舗は今世紀に入って飛躍した。平成13年にＮＨＫの「ちゅらさん」で沖縄ブームが起き、翌年には地元に「沖縄美ら海水族館」が開業。その影響もあって観光客が行列をつくる光景は今や日常となった。

それでも昔ながらの製麺法を守る。カツオだしの効いたあっさりスープに合わさるのは、小麦粉に木灰汁を混ぜた中華麺。薪を燃やした際に残った灰を水と混ぜ、数日かけて沈殿させる。その上澄みをすくったのが木灰汁である。現在では大半の店がかんすいを使用するが、きしもと食堂はこの木灰汁にこだわる。「お金も手間もかかるけど伝統を守るのは老舗の責任だから」。仲程さんはそう話す。

きしもと食堂の一杯

本土復帰後の昭和51年、公正取引委員会から「そば粉が使われていないのに『沖縄そば』と表示するのは違反」と指摘された。ただ、地元の人たちが交渉を重ね、「本場沖縄そば」との呼称が認められた経緯がある。

沖縄返還から50年が過ぎた。さまざまな面で〃本土化〃していくなか、関東にも九州にもない麺文化が守り継がれている。

4、偶然の白濁スープ

豚骨ラーメンって何だろうと考える。明治期に横浜南京街などで食べられていた支那そばやラウメンは豚骨を使っていた。長崎ちゃんぽんも沖縄そばも同じ。ただそれを豚骨ラーメンとは呼ばない。なぜなら多くの人は豚骨ラーメンに白濁したスープを結びつけているからだろう。「豚骨＝白濁」であるならば、始まりは北九州市小倉北区の「来々軒」となる。

その一杯を食べたくなって小倉へと向かった。出迎えてくれたのは2代目杉野龍夫さん（71）。7年ぶりだが、店構えも含めて変わらない。老舗はやっぱり安定感が違う。創業は昭和26年というが、歴史はもっと古い。杉野さんは言う。「その前におやじが久留米で屋台をやっていたからですね」

杉野さんの父、勝見さん（故人）は昭和22年、福岡県久留米市の西鉄久留米駅前で屋台「三九」を始めた。つくり方は大阪で支那そば屋をやっていた人物から学び、九州初のラーメン店「南京千両」（久留米市、昭和12年創業）の宮本時男さんにも相談した。屋号は、宮本さんの生年（明治39年）と英語の「サンキュー」を掛け合わ

来々軒２代目杉野龍夫さん

来々軒の白濁ラーメン

せたという。

　当初のスープは白濁ではなく、清湯《ちんたん》だったそうだ。支那そばを参考にした南京千両同様、三九のスープも豚骨をあまり煮立てず透明感を残していた。しかし、ある日を境にスープが変わる。「おやじが仕入れに行ってなかなか帰ってこなかった日があって」と杉野さん。

　その日留守番をしていた母親はスープをグツグツとたぎらせ、白濁させてしまった。戻った勝見さんが試しに飲むと意外においしい。それを客に出すようになった、というのが白濁豚骨の誕生秘話である。杉野さんは「おやじは仕入れと言い張るけど、絶対に遊びだったはず」と笑う。

　その後、勝見さんは三九を知人に譲り、小倉に移った。当時の市電「香春口」電停前に屋台を構え、屋号は「来々軒」に。香春口といえば、炭鉱で栄えた筑豊を経由して久留米につながる拠点。「小倉は縁もゆかりもなかった場所」というが、その立地に惹かれたのかもしれない。

　来々軒はとにかく売れた。最盛期は一日７００杯超。20キロ以上離れた行橋まで出前したこともあった。売れた分、遊びに力が入ったのが勝見さんらしい。山陽新幹線の開通時は定期券を買って中洲に通った。

　そんな歴史とともに歩んできた一杯の見た目はまさに白濁。そこに、もやし、メンマ、チャーシューと海苔が載る。ラーメンに海苔が載るのは久留米系の特徴の一つだが、「久留米時代にメンマを切らし、海苔を入れたのが始まり。うちが発祥ですよ」。一口すると口当たりはあっさり。だが、奥にある豚骨だしはまろやかながらしっかり主張してくる。脂や元だれに頼らないストレートな濃厚さがあった。

　三九は、九州中にラーメンが広がっていく起点となった。屋台を引き継いだ四ケ所日出光さん（故人）は、佐賀、熊本・玉名に店を出す。佐賀では、従業員がつくり方を伝授して昭和35年に「一休軒」が開業。そこから「幸陽閣」や「もとむら」（旧鍋島一休軒）につながり、さらに「いちばん星」、「いちげん。」が生まれるなど佐賀ラーメンの系譜は脈々と続く。また熊本では、玉名支店がハブとなり、熊本市、宮崎市へと広がった。

　また、勝見さん、四ケ所さんは今で言うラーメンコンサルのようなこともしていたようだ。２人が味を教えた店の一つが福岡市の「光栄軒」。この店は、福岡県那珂川市、筑紫野市と移転し、「うちだラーメン」として今も営業している。

あの日、勝見さんの外出の目的が仕入れだったのか、遊びだったのかは分からない。でも、結果的に九州ラーメンの歴史を変えるとは勝見さん自身思ってもみなかっただろう。

5、福岡での豚骨誕生は？

久留米の南京千両に先んじられたが、福岡市内でも同時期に豚骨ラーメンが生まれている。その店は昭和15年頃に中洲で開業した屋台「三馬路《さんまろ》」とされる。豚骨発祥の店「南京千両」は横浜の南京街の味をヒントにしたのだが、こちらは中国の味を持ち込んだようだ。

創業者は森堅太郎さん。それまで大陸を渡り歩いた森さんがデパート「福岡玉屋」（福岡市博多区）横で屋台を始めた。戦争の混乱期を経て、戦後は特に闇市で支那そばや中華そばが広がっていく時期。先駆者として人気を集めたのだろう。「三馬路」の味を受け継ぐ人たちも現れた。

その人物とは森山勝さん（故人）と義弟の手嶋武臣さん。森さんの下で働いていた森山さんは昭和26年、中洲に近い祇園という場所で屋台を開き、手嶋さんは手伝いとして入った。師匠がつけてくれた屋号は「三馬路」ならぬ「五馬路《うまろ》」だった。

手嶋さんからその頃の話を聞いたことがある。初めて食べたラーメンは想像を絶する味だったそうだ。「この世にこんなうまいものがあるのかと思ってね」と手嶋さんは言っていた。麺は竹を使って平たく伸ばす（福岡の古参店に平麺が多いのはこの影響とみられる）。えぐみを出さないように火加減を調整しながら豚骨を煮出す。「三馬路」のつくり方を踏襲した。当時の福岡の人たちも手嶋さんと同じ思いを抱いたのかもしれない。五馬路は多くの人でにぎわった。

手嶋さんは昭和28年、別の場所に店舗を出すことになった森山さんの屋台と屋号を譲り受け、ほどなくして店舗を構えた。その店は、後に屋号を「うま馬」と変え、今も福岡市博多区祇園で営業を続けている。

三馬路、五馬路、うま馬と受け継がれたラーメンの特徴は、澄んだスープと平打ち麺にある。白濁スープに細いストレート麺という現在主流の博多ラーメンとは違う。豚骨は下ゆでし、丁寧に血抜き、あく抜きをする。いわば「引き算」のスープで、豚骨だしがじんわり。平打ち麺との相性もいい。

うま馬の手嶋さん親子

守り継いだこの味をさらに広げたのは手嶋さんの長男で2代目の雅彦さん(65)の力が大きい。東京の劇団「青年座」の俳優だった雅彦さんは、伝統を守りながら新たな挑戦をする〝改革者〟でもあるのだ。

屋号を「うま馬」に変えたのも雅彦さん。ソムリエの資格を取得してラーメン、焼き鳥にワインを合わせることを提案した。ラーメン居酒屋の業態で客層を広げ、東京、海外へと店舗を拡大した。近年のコロナ禍でも挑戦を続けている。令和3年末には東京・神田に「三馬路」をオープン。こちらは居酒屋業態にはせず、ラーメン専門店にした。しかも、伝統の「うま馬」のラーメンではなく、鶏がらベースの塩ラーメンなどで勝負して好評を博している。

「三馬路のパイオニア精神を受け継ぎやっていきたいんです」と雅彦さんは言う。福岡の豚骨発祥につながる老舗。そう書けば、その歴史や変わらなさに目が向けられがちだ。ただ、新しい時代を切り開いたのもまた老舗なのである。

6、博多ラーメンが生まれる

誰にでも「思い出の店」なるものがあるはずだ。親に連れられていった。友人と入り浸った。一人で何度も通った―。そんな店は、味だけではなく、何かの記憶と結びついている場合も多い。僕にとってのそれは「元祖赤のれん 節ちゃんラーメン」(福岡市中央区)である。

一番通ったのは中高時代。近くに友人の家があったこともあり、学校帰りによく立ち寄った。今は無理だけれどラーメンとチャーハンセットに替え玉もしていた。醤油の香りが立った褐色豚骨。独特の平麺がこってりスープとよく絡んだ。友人とは何を話していたのだろう。今となっては覚えていない。

当時の店主は2代目の津田節男さんだった。おそらく家族、親戚で厨房を回していて、その風景は記憶に残っている。けんかはしょっちゅう。かと思えば仲直りも早い。店員のおばちゃんもよく話しかけてきた。今どきの接客とは全く違う。その緩い感じが好きだった。

赤のれんを「思い出の店」とする人は多いだろう。なぜならその歴史は福岡市で一、二を争うほど古いから。創業したのは節男さんの父、茂さん。戦後に旧満州から戻った茂さんは大工をしていたのだが、仕事先で運命的な出会いを果たすことになる。

昭和25年ごろのある日、茂さんが現場に赴くと、山平進さん、ミヨ子さん夫婦がいた。これはミヨ子さんから直接聞いた話。ミヨ子さんの実家の改築を頼むと、茂さんがやってきたというのだ。ひと仕事終えて、昼食休憩になった茂さん。そのときに広げた弁当が極めて貧素だったらしい。見かねた進さんが言う。「屋台でもやらんね」。当時、進さんはうどん屋台を引いていた。茂さんは大工の腕を生かして屋台を組み上げ、天ぷらを売り歩くようになったという。

　屋台仲間となった2人は意気投合し、新しいメニューを考える。参考にしたのが、茂さんが奉天（現在の瀋陽）で出合った豚骨スープの麺料理だった。アイヌ料理を参考にしたものらしく、「十銭そば」として売られていた。

　大陸の味を改良したラーメンは1杯50円。人気になると茂さんは福岡市東区箱崎に店舗を構えた。ちなみに山平さんは東区馬出に「博龍軒」を開く。店は親類が継ぎ今も盛業中だ。

赤のれんのラーメン

　赤のれんは福岡発で全国に広まった豚骨ラーメンの先駆けの一つでもある。茂さんに頼み込んで修業したファンが昭和53年、西麻布に「博多麺房赤のれん」を開業。東京では1980～90年代に豚骨ブームが起きており、その火付け役の一つとされる。福岡の赤のれんは、昭和59年に2代目節男さんが同市の中心部・天神に店を構えた。僕が通ったのはこの時代。現在は3代目の敏茂さんに引き継がれている。

7、長浜ラーメンの元祖

古里の福岡を離れた学生時代、帰省の際は旧友とたびたび街へ繰り出した。深夜まで痛飲していると、誰からともなく締めの一杯の提案がある。合言葉はこうだった。「元祖行かん?」。

　元祖とは魚市場（福岡市中央区）近くにある「元祖長浜屋」のこと。中心部からちょっと離れているが、酔いどれの考えることは同じで、いつも客であふれていた。入店するなり「1杯～」と、店員の威勢のいい声が響く。メニューはラーメンのみだから注文は決まっている。「いらっしゃいませ」などという常套句はなく、ここでは客を「杯」で数えるのだ。対する、こちらも負けずと声を張り上げなければならない。

「ベタカタ～」

　ちょっと説明が必要だろう。「ベタ」は「脂の量多め」

元祖長浜屋の一杯

の意味。脂を追加しない場合は「ナシ」がある。「カタ」は麺の硬さのこと。もっと硬い麺が希望なら「ナマ」、柔麺がいいなら「ヤワ」と言う。

「ベタナマ〜」「ナシカタ〜」「ヤワ〜、ネギ多め〜」。好みを自分で告げなければならないため、それぞれの注文が呪文のように店内にこだまする。

出てくるのも早い。スープはあっさり、そしてほんのり獣のにおいをまとった豚骨で、元だれとチャーシューの塩味が下支えしてくれる。合わさる細麺はずずっとすするのがいい。麺の量は多い方だが、いつも一気に完食してしまう。

元祖長浜屋は、その屋号の通り、ご当地ラーメンの一つ「長浜ラーメン」の元祖として知られている。ただ、ルーツは全く別のところにあった。

創業したのは榊原松雄さん、きよ子さん夫婦。2人とも愛知県の生まれで、戦後に福岡に移り住んだ。職もない中で、思いついたのがラーメン稼業だった。戦後名古屋の闇市で助けた台湾人から「何かの時に」とラーメンのつくり方を教えてもらっていたのだ。昭和27年に屋台「清風軒」を始め、博多駅や中洲を流したが全くだめ。その後、当時は福岡市博多区にあった魚市場に場所を移すと、軌道に乗りはじめた。夫婦げんかの日は休みだったという笑い話もある。

昭和30年に魚市場が長浜へ移転するのに合わせて屋台も一緒に移している。周辺に屋台が集まり、一帯の味は「長浜ラーメン」と呼ばれるようになった。忙しい市場関係者のためにゆで時間の短い細麺が採用され、「麺だけお代わりしたい」との〝わがまま〟から始まった、替え玉発祥の店としても知られる。昭和49年に「元祖長浜屋」として店舗化されたが、屋台時代の雰囲気はそのままで、多くの逸話が語り継がれてきた。

「灰皿をもらおうとしたら『床に捨てて』と言われた」「半替え玉を頼んだら、1玉ゆでて半分を床に捨てた」「ラーメンを頼まず、替え肉を肴に酒を飲む常連がいる」「客が大きな鍋を持ち込み、それにラーメンスープを入れてもらって持ち帰った」——。

店主に聞けば、「全部本当」。元祖が愛されてきた理由の一つは、そんな昭和らしいおおらかさだと思う。最近は徐々に時代に適合しているが、まだまだ元祖らしさは健在である。こちらは年を取り、さすがに「ベタカタ」は無理になったが…。

8、豚骨は久留米から大分へ

戦後、久留米にできた屋台「三九」にまで話を戻そう。白濁豚骨ラーメンを生みだした屋台であることは先に書いたが、その後のある日、創業者の杉野勝見さんは次のように宣言したという。

「ここの屋台は解散。今からはラーメンを広めていこう」。この言葉がなければ、豚骨ラーメンが九州各地に広がることはなかったかもしれない。

宣言を聞いていたのは、屋台で一緒に働いていた杉野さんの叔父にあたる田中始さん。杉野さんは言葉通り、昭和26年に北九州・小倉で来々軒を開業。そして田中さんも思いを引き継ぎ、昭和29年に「水がおいしい」との理由で大分・日田市に来々軒を開いた。この店こそが大分県で初めてのラーメン店とされている。

「中華そばは存在したらしいけれど、ラーメンはない。珍しさもあってすぐに売れたそうです」。田中さんの孫であり、日田来々軒4代目の田中彰さん（54）はそう話す。売れれば人手が足りなくなる。始さんはすぐに息子で2代目となる真澄さん（令和3年に88歳で逝去）を呼び寄せている。店に保管していた真澄さんの履歴書を見せてもらった。来々軒は昭和29年9月に開店。博多の菓子店で働いていた真澄さんはその年の12月に職を辞し、来々軒入社と記されていた。

平日６００杯、土日は１０００杯出た。従業員は10人近くに。普通なら店舗展開をするところだが、始さんは違った。

「ラーメンの発展のために、弟子を育てていく。支店はつくらない」。始さんと魚釣りをよくともにした彰さん。その度に聞かされた言葉だった。

麺打ちの技術を習得すれば、のれん分けでの独立を認めた。そのおかげで大分、福岡県で「来々軒」が続々と誕生。孫弟子まで含めると「１００軒は超えていたのでは」と話す。

日田焼きそばで有名な「想夫恋」（昭和32年創業）との関わりも深い。同店の創業者、角安親さんと始さんは狩猟仲間。彰さんによると、最初は始さんが角さんにラーメンを教えた。その後、想夫恋が焼きそばで有名になると「あんたがたもしない（すれば）」と麺の焼き方を教わったという。今、来々軒では、焼きそばはラーメンをしのぐ人気メニューとなっている。

日田に伝わった来々軒の一杯

厨房には彰さんの兄で3代目の功

さん（63）もいた。2人の子ども時代は「宿題より仕事」だった。学校から帰ると店を手伝い、出前要員にもなった。「腹が減ったら、『自分でラーメンつくって食え』でしたから」と功さんは振り返る。

店舗展開をせず、家族経営を続けるのは想像以上に大変だ。簡単には休めない。休日にもスープに火をかけなければならない。何より、ラーメンが珍しいものではなくなり競争相手も増えた。「僕の代で終わりになるかも」と彰さんは率直に言う。

それでも「ラーメンを広めていこう」という初代の言葉は現実のものとなっている。今も頑張る弟子、孫弟子がいる。九州の豚骨ラーメンの歴史に「日田来々軒」が深く刻まれていることは確かだ。

9、熊本に広がった豚骨

九州北部地方で歴史的な大水害といえば、「昭和28年西日本水害」が思い浮かぶ。福岡、佐賀、大分、熊本で計1000人近くの死者・行方不明者を出した。特に熊本の被害は甚大でうち500人近くを占める。その未曽有の災害が、熊本のラーメンに少なからず影響を与えたことはあまり知られていない。

熊本にラーメンを持ち込んだとされるのが、福岡県久留米市の屋台「三九」を継いだ四ケ所日出光さん（平成28年に88歳で逝去）。昭和27年、熊本県玉名市の国鉄高瀬駅（現在のJR玉名駅）前に支店を構えたのだが、そのインパクトはすごかったようだ。売り上げも良く、修業した職人も多かった。

こむらさきの一杯

大雨が九州北部地方を襲うのはその翌年のことだった。白川が氾濫した熊本市内の被害はとりわけ大きく、被災者の中には仕事を失ってしまうものも多かった。

「水害で商売がだめになった。そこで父たち3人はラーメンに目を付けたんです」。そう話してくれたのは、熊本市中心部で昭和29年から営業する「こむらさき」2代目の山中禅《しずか》さん。こちらも以前、取材した際に聞いた話である。

3人とは山中さんの父親の安敏さん、その友人である木村一さん、台湾出身の重光孝治さん。彼らは不動産、中古車販売などで生計を立てていたが、水害で事業が立ちゆかなくなってしまったのだという。「そんな時に『玉名に三九という名のうまいラーメン屋がある』と聞きつけたそうです」と山中さんは続けた。

三九で味を学んだ3人は熊本市に戻り、それぞれ独立している。山中さんは「こむらさき」、木村さんは「松葉軒」。重光さんは「桂花」。どの店も繁盛し、いつしか、焦がしニンニクやマー油が入った「熊本ラーメン」を確立した。その味は、さらなる広がりをみせた。山中さんが味を教えた「黒亭」は今や熊本を代表する店の一つ。桂花は昭和43年に東京に進出した九州豚骨の草分け店として、全国に熊本ラーメンの名を知らしめた。さらに重光さんは世界に展開する「味千ラーメン」を創業している。歴史に「もし」はないが、水害がなければ、3人は玉名に行くこともなく、今のような熊本ラーメンが誕生することはなかったのかもしれない。

ちなみに四ケ所さんは、玉名支店を5年ほどで閉じた。同じ頃に久留米の屋台も引き払って佐賀に移転。佐賀でも三九の影響を受けた店は多く、佐賀ラーメンの元祖として今も語り継がれている。

10、異端の鹿児島ラーメン

九州のラーメンの多くは豚骨誕生の地である福岡・久留米と関わりがある。発祥の店「南京千両」は、長崎ちゃんぽんも参考にして豚骨ラーメンを世に送り出した。白濁した豚骨スープを生みだしたのは西鉄久留米駅前にあった「三九」。その店主たちが軸となり、北九州、佐賀、大分、熊本、宮崎まで味が広がった。ここまで書くと、気付く人がいるかもしれない。鹿児島だけはその例外とされているのだ。

鹿児島最初のラーメン店といわれているのが「のぼる屋」である。道岡ツナさんと夫の昇さんが昭和22年に鹿児島市で創業した。ツナさんは戦前、横浜で看護師をしており、患者の中国人から看病のお礼につくり方を教わったという。平成26年にいったん閉店。その後ファンたちが復活させたが、そちらも今はない。

現存する中での一番古い店は同市中心部の歓楽街そばにある「のり一」だ。オーナーの神川照子さんによると、創業はのぼる屋より2年遅れの昭和24年。神川さんの夫、松一さんが、台湾人の親類から「中華そばでもやったら?」と勧められたのがきっかけという。

松一さんは親類直伝のレシピを学びつつ、研究を重ねた。その一杯は、豚骨を若干加えた鶏がらスープ。透明感があり、とてもあっさりしている。場所柄、飲んだ後に来る客が多い。まさに締めの一杯にぴったりだ。

のり一の弟子筋で僕が好きだった店に、昭和35年創業の「ほりえラーメン」がある。こちらもあっさり味の鹿児島ラーメン。旦那さんの後を継いだ石神すみ子さんが

澄んだスープが特徴ののり一

最近まで1人で切り盛りしていたが、残念ながらのれんを下ろしてしまった。

のり一に匹敵する老舗の「こむらさき」は、昭和25年に創業している。戦前から食堂を営んでいた橋口フミさんが、台湾出身のラーメン職人、王鎮金さんを迎えて開店したのが始まりだ。

2代目、橋口芳明さんの話がおもしろい。王さんがラーメン職人だったというのは真っ赤な嘘で、もともとは日本統治時代の台湾の官僚だったそうだ。戦後の混乱期に来日。職を得ようとラーメン職人を名乗ったという。その後、フミさんと王さんは結婚したといい、店は今も営業している。

ここに挙げた店の味は違う。ただ、それぞれが今の鹿児島ラーメンの特徴をどことなくまとっている。あっさりタイプのスープ。かん水を使わない蒸し麺。もやしやキャベツのトッピング…。これらの老舗から影響を受け、鹿児島ラーメンというジャンルが確立していったのは間違いない。

歴史を振り返ると、薩摩藩は琉球貿易を続け、幕末は外圧とも戦った。鹿児島という土地は、国内ではなく、常に海を向いていた。鹿児島のラーメンもそう。老舗の起源は中国、台湾にあった。久留米の影響を受けないという、九州では異端である理由も分かる。

11、店舗形態の多様化

戦後、屋台から始まったラーメン店は昭和30年代以降になると、店舗化するところも出てくるなど、形態は多様化していく。その多くが人の集まる市街地にのれんを掲げたが、郊外で勝負する店も出現した。

「ラーメン店に宿泊所を併設」。福岡県久留米市の「丸星中華そばセンター」。壁に飾られた新聞記事（昭和39年6月6日付）にそんな見出しが躍っていた。記事は、創業者の星野吾三郎さんが長距離ドライバーのために無料の宿をつくったと伝える。末尾には星野さんの言葉も記されていた。

「やっと生活にゆとりができたので、お世話になった運転手さんになにかしてあげたいと思っていた」

星野さんの娘で現店主の高橋和子さん（76）は言う。「父は奉仕の人でした」。もともと星野さんは戦後の久留米の繁華街で八百屋をやっていた。ところがうまくいかず、別の商売を模索。国道沿いで焼き芋を売るようになった。「車は20分に1台くらい。バレーボールをして遊んでいましたよ」と高橋さん。

そんなある日、通りがかったトラック運転手から言われた。「ラーメンを出せば」。星野さんは久留米の知り合いからラーメンを習って丸星を創業した。昭和33年のことだ。広さはたった2坪。昼夜関係ないドライバーのために24時間営業にしたという（コロナ禍以降、深夜営業は休止中）。ちなみに、丸は「太陽の昼」で、星は「夜」。昼も夜も開いているという意味を込めた。

各地から集うドライバーは宣伝役も果たしてくれ、口コミでファンが広がった。加えてモータリゼーションの進展で、目の前の国道の交通量は激増した。建物を増築し、駐車場を拡張。ドライブイン型飲食店の先駆けといわれている。

「ゆっくり休んでもらって、事故が減ってくれれば」。宿泊所を併設したのは、店を押し上げてくれたドライバーへの恩返しだった。希望の時間に起こす「目覚ましサービス」も取り入れたというから至れり尽くせりだ。

星野さんのエピソードはまだある。終戦直後は、戦争孤児にご飯を食べさせ、就職の世話までした。店の前で交通事故に遭った際は、自分のケガより、事故を起こした若者の生活を心配したという。

「父は世の中で一番尊敬できる人。とにかくまわりの幸せを考えていた」。そう語る高橋さんにも父親の精神は受け継がれている。丸星には無料惣菜コーナーがあり、提供する肉じゃが、煮物、漬物などは高橋さんが未明から仕込んでいるそうだ。たまに大量の明太子が置かれる時もある。ラーメンとご飯。そこに明太子を載せる。どの客も笑顔になる。

僕自身、通い始めて30年以上がたつ。昔は警察犬の写真、警察犬をモチーフにした演歌の歌詞が貼られていた。八百屋の名残で果物が売られていた時もあった。一方、ホールで働くおばちゃんたちはずっと変わらない。マニュアル感など皆無な普段着のサービスが心地良い。

ラーメンも飾らない魅力がある。茶褐色のスープは豚骨だしのうま味があふれる。きれいにまとめるのではない武骨さがいい。

丸星から、国道を10キロ

現店主の高橋和子さん（左）

丸星のラーメン

北上すると佐賀県基山町に同じようにドライバー客が集う「丸幸ラーメンセンター」がある。こちらは久留米で昭和27年に創業した「幸陽軒」（既に閉店）の2号店として昭和40年に開業した老舗で、マイルドな豚骨ラーメンに今も多くのファンが詰めかけている。

今国道沿いの店はチェーン店ばかり。そんな中でも丸星や丸幸のような店が元気に営業している姿はとても誇らしくある。

12、福岡豚骨支える「ちゃん系」

郊外にあるにもかかわらず、福岡市随一の人気店と言っていい。とある平日、開店時間の午前11時前に「ふくちゃんラーメン」（早良区田隈）に到着すると、すでに長い行列ができていた。受付表に名前を書き込む。39人目だった。

カン、カン、カンカンッ。待っている間、リズミカルな音が聞こえてきた。窓越しにのぞくと、湯切りの音だと分かる。店主の榊伸一郎さん（49）は厨房の定位置に立ち、ザルを鍋の縁に打ちつけて湯を切っている。

小一時間待って一杯にありついた。なみなみに注がれたスープは熱々。口に含むと豚骨のだしが広がる。最初こそ軽やかなれど、コクがあり、香りは膨らんでいく。スープの量も多く、1玉ではもったいない。思わず注文した。「替え玉くださ～い」。

店のルーツをたどると福岡市の老舗「しばらく」に行き着く。外村泰徳さん（故人）が、昭和28年に大浜特飲街（博多にあった赤線地域）で始めた店だ。当初はうまくいかず、場所を市西部の西新に移してから人気が出た。特飲街の用心棒をしていた外村さん。強面で怖がられていたが、味は確かだった。

巣立った弟子も多く、（東京・水天宮前にも「しばらく」はある）そのうちの一人に福吉光男さん（故人）がいた。榊さんの親戚にあたる福吉さんは、昭和50年に西新のほど近くの百道《ももち》にふくちゃんラーメンをオープン。しかし体調を崩したため、開業の5年後に榊さんの父、順伸さんが引き継いだ。

百道一帯はその後、大きく変わる。平成元年にはアジア太平洋博覧会が開かれ、跡地に福岡ドーム（現・ＰａｙＰａｙドーム）が開業した。当然、ふくちゃんにも客が押し寄せた。ところが人気ゆえの問題が生じる。違法駐車が多く、近隣から苦情が噴出。平成6年、やむなく現在の場所に移転したというわけだ。

「ここは父の定位置でした」。榊さんはいつも自分が立つ場所について話してくれた。仕事中は無口でいかにも「頑固おやじ」だった順伸さんは平成17年に他界。以来、榊さんはずっとこの場所で湯切りをしている。堂々とした現在の姿からは想像できないが、最初は緊張して顔も上げられなかったそうだ。

　この定位置から、鋭い視線でいろいろなものを見る。外の行列の人数。グループか、1人か。子どもが何人いるのか。食べるスピード。常連ならゆで加減の好みも把握している。

　逆に客席から見ると厨房は舞台にも感じる。それも大きなホールではなく、小劇場。舞台と客席が近く、息づかいが聞こえる。自然と客と舞台がコミュニケートする。そんな雰囲気がここにはある。

榊伸一郎さん

ふくちゃんのラーメン

　家賃や光熱費、材料費が高騰するなど個人経営の店を取り巻く環境は厳しい。そんな中でも、ファンが付き、ファンに支えられた店は強い。榊さんの姉2人（福岡市早良区の江ちゃんラーメン、福岡県宗像市のふくちゃんラーメン英美）をはじめ、出身者たちも各地で店を出し、人気を博す。どこも屋号に「ちゃん」がつくので、「ちゃん系ラーメン」とも言われる。
　この日、僕の両隣は常連さんだった。いつも行列ができているのに、と驚く。全国に知られるのはチェーン店だが、このような個人店の存在こそが豚骨文化を支えている。

13、豚骨を広げ、業界を深化

九州にいると忘れてしまいがちだが、やはり豚骨臭のインパクトは強く、九州の外に行くと苦手な人も多い。そんな人たちにとって「くさくて特別」な豚骨ラーメンを「普通」のものとして広めた立役者がいる。国内外に展開する「博多一風堂」創業者の河原成美さんだ。

　一風堂の関東進出は平成6年だから古参ではない。先駆けは昭和43年に新宿に進出した熊本の「桂花」。昭和53年に博多ラーメン源流の一つ「赤のれん」で修行したファンが西麻布に店を出している。昭和62年には、世田谷区の環七沿いに「なんでんかんでん」がオープンし、平成前半にかけての豚骨ブームを牽引した。当時、世田谷区に住んでいた僕もよく足を運んだ。福岡を離れて一人暮らしの学生の身で「くさい豚骨ラーメンが東京で食

銀座店に立つ河原成美さん

一風堂の「白丸元味」

べられるとは」と驚いたのを思い出す。

　その頃は他にも、なんでんかんでんで厨房に入っていた岩佐俊孝さんが杉並区に「御天」を開業（平成7年）。後に田中商店を立ち上げることになる田中剛さんが働く「博多長浜ラーメン　金太郎」（足立区）も人気を集めつつあった。どれもそれなりにくさかった。

　一風堂に話を戻すと、福岡で創業したのは昭和60年。レストランバーを営んでいた河原さんが、2店舗目としてラーメン店の立ち上げを決めた。福岡市の「長浜一番」で1年間修業した後、市中心部の大名という地区で10坪ほどの「博多一風堂」を開いた。

　僕が初めて一風堂を訪れたのは創業数年後のことだろうか。大名は東京の裏原宿のような新しいものが集まっていた場所。木を基調とした店内にジャズが流れる。店員たち（たぶん河原さんも）はバンダナを巻いていた。雑然とした店内に頑固おやじ、というそれまでのラーメン店像は覆される。醤油ラーメンもあったし、とにかく新鮮だった。

　河原さんに創業時の思いを聞いたことがある。そもそも、ラーメンを選んだのは、バーの女性客から「好きだけど一人では入りづらい」と聞いたから。「かっこいい環境で女の子が食べられるラーメン店を作りたかった」と話してくれた。

　福岡県外への進出は平成6年の新横浜ラーメン博物館のオープンがきっかけだ。館長の岩岡洋志さんに乞われて、開館に合わせて出店。全国のご当地ラーメンの中でも抜群の人気を誇った。翌年には東京・恵比寿に進出。くさみのないスープに深みをもたせた「白丸元味」、辛みそやマー油を加えた「赤丸新味」を考案して大ヒットさせた。東京を経由した福岡の味は、全国区の人気となっていった。

　河原さんのモットーは「変わらないために、変わり続ける」。次は海外を見据え、平成20年のニューヨークを皮切りに、ロンドン、シンガポールなどに展開した。「世界でラーメンといえば『一風堂』と言われるような基準の一つになりたい」と言っていた。その言葉は徐々に現実味を帯びてきている。

一風堂のすごさは、戦略的、意欲的に国内、海外へ展開していく点にあると思われている。確かにそうだが、僕は別のところにそのすごさを感じている。それは、家族経営が主だったラーメン屋を、社員を抱えた事業として発展させ、さらには個性ある独立開業者を輩出した先駆者であることだ。「土竜が俺を呼んでいる」「博多文福」「麺屋波のおと」「ラーメンツミキ」（いずれも福岡市）など一風堂出身の店主が、福岡のラーメンシーンをアップデートしている。

チェーン店にはどうしても「画一的」という言葉がつきまとう。しかし、会社組織としてのチェーン化が、結果的にラーメン業界の多様性、裾野の広がりに貢献しているのである。

14、東京の豚骨醤油

福岡の出身でラーメンといえば、豚骨と思い込んでいた。大学進学で上京してもなお豚骨を求めた。たまに立ち寄っていたのが白濁した豚骨醤油ラーメンで知られる「ホープ軒」だった。都内に何軒かあったが、最初に行ったのは、千駄ケ谷の店だと思う。食べ慣れた豚骨の安心感と、背脂が入ったスープの濃厚さ。胃袋は満たされていく…。

そんな若き日の思い出を振り返っていると、新たな疑問が浮かんできた。豚骨は使えど、清湯スープが主流の東京なのに、なぜ白濁豚骨なの？

ルーツを調べると、吉祥寺にある「ホープ軒本舗」が発祥だという。同社のホームページによると、創業者の難波二三夫さんは大牟田市の三井三池炭鉱で働いていたとある。「もしかして九州の人かも」との期待を胸に店を訪ねた。

出迎えてくれたのは難波さんの長男で2代目の公一さん。「おやじは九州でなく新潟出身。まあ細かいことはお酒でも飲みながら話しましょう」。いきなりの提案にたじろぐ僕をよそに、ビールを飲みながら取材はスタートした。

始まりは昭和10年頃の「貧乏軒」。大正期から流行していた、豚骨や鶏がらを使った支那そばを出す貸し屋台だった。その後は職を転々とした。雑貨売り、沖仲仕をへて、炭鉱のある九州へ。ただ、そこでラーメンを本格的に学んだわけではないようだ。「料理を身につけたのは戦時中でしょう」と公一さんは話す。

戦争では歩兵連隊に所属。大陸に渡ると調理役を担った。料理を覚えたのはいいが、人生は流転する。現地で捕虜になり、運良く逃げて帰国した後は、中国人になりすまして飲食店を出す。戦後は吉祥寺で「ホームラン軒」

2代目の難波公一さん

ホープ軒のラーメン

を始めて店舗展開するが、借金の連帯保証人となり全てを失う。再出発したのは屋台から。「一からの希望」との意味を込めて出したのが「ホープ軒」だった。

「初めて白濁豚骨を出した時、オレも働いていたよ」。5杯目の芋焼酎のグラスを手にしたころ、ようやく白濁の話題になった。昭和40年頃のある日、公一さんと父親は、スープを強火にしたまま他の仕事に集中してしまい、ぐつぐつと濁らせてしまった。「もったいない」と店に出したのが、白濁スープの始まりという。九州の白濁豚骨も久留米「三九」の同じような失敗がきっかけだ。

今に伝わる一杯は、茶色がかった豚骨スープが黄色の丼にたっぷりと入る。九州のそれより濃度はなく、千駄ケ谷ホープ軒のような背脂感もない。とはいえ、少し縮れた麺がスープをまとって味はしっかり。若き日の記憶もよみがえってきた。

初めのころは「濁っているのはスープじゃない。勉強しろ」と客から叱られたこともあった。一方、九州出身者から「九州の出か?」と言われたことも。公一さんにとって懐かしい思い出だという。

屋台時代のホープ軒は広がりをみせている。屋台の貸し出し業が成功し、最盛期は１００台以上が営業した。屋台からは、千駄ケ谷ホープ軒、環七沿いで人気を誇った「土佐っ子」などが巣立った。さらにそこからは「弁慶」など背脂チャッチャ系と呼ばれる、より濃厚なラーメンにつながっていく。

流浪の末、昭和53年に吉祥寺で店舗化したホープ軒本舗。東京豚骨醤油の発祥として、今はこの地にしっかりと根を下ろしている。

15、東京にある「古里の味」

東京都小平市の西武鉄道「小川駅」から歩く。近づくにつれて漂ってくるにおいに「あれ、豚骨ラーメン?」と思う。店に入るといかにも南国系の顔立ちをした大将に「九州の方かな?」。話してみるとあきらかに九州の言葉だった。

店主の石橋和明さん(75)=福岡県久留米市出身=が

営むのはその名も「九州ラーメン　いし」。昭和48年から豚骨ラーメンを提供しているというから、東京の豚骨ラーメンとしてはかなり早い部類に入る。

その理由は小平という場所にあった。この地には、久留米市発祥のタイヤメーカー、ブリヂストンの東京工場がある。久留米に次ぐタイヤ工場として操業を開始したのが昭和35年。ブリヂストンによると、東京工場の稼働に合わせ、約800人の従業員が久留米から移ってきて〃久留米コミュニティ〃が形成された。

それから10年ほどがたった頃、就職のために久留米から上京していた石橋さんの元へ、高校時代の後輩から相談があった。ブリヂストンの生協に勤務していた後輩はこう言ったという。「久留米出身の従業員たちが豚骨ラーメンを食べたがっている。店をしませんか」

石橋さんの妻の実家は久留米市で老舗ラーメン店を営んでいた。学生時代の4年間、石橋さんがそこでバイトをしていたというのが声をかけられた理由だった。「商売にも興味があったから」と東京工場のすぐ近くで「いし」をオープンした。

住む場所が変わっても、食べ物はなかなか変えられない。古里の懐かしい味に久留米の人たちは飛びついた。「最低でも1日300杯。創業直後から売れたよ」。客の8割がブリヂストンの従業員で、店内では筑後《ちっご》弁が飛び交った。ほどなくして商業施設「ブリヂストンマーケット」に場所を移した。そこでも「夜はどんちゃん騒ぎ。他の店から苦情が来てねえ」と懐かしむ。

はまったのは久留米の人だけではない。店と味がこの地に根付くにつれ、新たなファンも獲得している。取材時に居合わせたのは千葉県出身の元ブリヂストン従業員。「最初はくさすぎて一口も食べられなかった」というが、今では常連客の一人だ。その隣の常連さんは岩手県の生まれ。彼らのしゃべりがどこか筑後訛りだったのがおもしろかった。

同じような例は、千葉県君津市にもある。君津では昭和40年に八幡製鉄（現在は日本製鉄）が君津製鉄所を創業。それに伴って北九州から君津へ多くの人たちが転居してきた。当然のようにラーメン屋ができる。昭和45年頃に創業した「九州ラーメン日吉」は、今

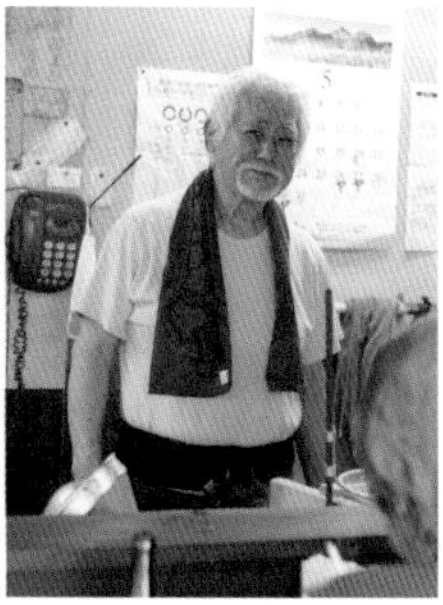
石橋和明さん

ラーメンいしの一杯

も君津市内で2店舗（姉妹店）が営業している。大和田店の2代目店主に聞いたところ、戸畑から君津へ家族で移住してきたそうだ。創業当時の客は九州出身の人ばかり。「黒いラーメン（醤油ラーメンのこと）は食いきらんから」と言って食べに来ていたという。ただ彼らも定年で会社を去った。実食すると、あっさりながらの豚骨ラーメン。今、その味は地元の人たちに、地元のラーメンとして親しまれている。

近年、僕は福岡のFM局の音楽番組に出演し、ラーメン店と、その店に合う一曲を紹介している。先日「いし」を紹介した際の一曲は高田渡の「生活の柄」だった。

歌詞は沖縄出身の詩人、山之口貘の詩が基になっている。山之口は沖縄のこと、沖縄出身者としての東京での生活を書き続けてきた。その言葉は、出身地関係なく普遍性を持って響く。いしの一杯もそう。かつては久留米の人たちの胃袋を満たし、今はそれ以外の人たちに広がった。古里の味を超えて親しまれているのだ。

16、東京でも本場の豚骨

♬とんこつラーメンくさい街。シンガー・ソングライターの前野健太さんにそんな題名の曲がある。情景とにおいが浮かんでくるような切ないラブソング。その着想について前野さんは「東京の街を歩いている時に豚骨のにおいがしたんだと思う」と話してくれた。九州でつくった歌かと思ったが違った。特定の店を歌ったわけではないというが、東京で「くさい」とくれば頭に浮かぶ店がある。高円寺の「ラーメン健太」である。

開店時間の正午に到着。前の客にならって、入り口で水とレンゲ、おしぼりを取り、コの字カウンター席につく。目の前の店主、横尾健太さん（41）は、リーゼント頭にTシャツ姿。足元は白の長靴で決めていて、存在感はなかなかのものだ。

客に囲まれた横尾さんは、タオルをねじった鉢巻きを締めて説明を始める。「食べ終わった食器は壁際に置いて帰ってください」「替え玉の時は遠慮なく言ってください」「その時ちょっと丼を近づけてくださいね」。ラーメンは1杯千円、替え玉は無料だった。会計は先払い。ラー鍋を手にした横尾さんが近づくと、客はその中に千円札をおもむろに放り込んでいく。

数分待ってできあがった。茶色いスープは濃度はあるが、粘度はないタイプ。店内はくさくない。ただ丼に顔を近づけると、野性味あふれるにおいが漂ってくる。それもかなりの力強さだ。麺と一緒にズルッといくと、そのにおいは口から鼻へと抜け、持続する。本場でもこのレベルはなかなかない。

「もともと中洲の屋台にいたんですよ」。横尾さんは福岡市出身で、21歳の頃に「かっこよさそう」と那珂川沿いの屋台に飛び込んだ。地元客、観光客で大賑わいの店でラーメンをつくり、焼き鳥を焼いた。2年ほど働いた後に「憧れだけ」の理由で上京する。店をやるつもりなどなかったが、高円寺で居抜きの物件と出合い、勢いで契約した。「やっぱりラーメンしかなかったんすね」

横尾健太さん

健太のラーメン

手書きの看板に、店内はカウンターのみ。提供したのは、継ぎ足しではなく取り切りスープのラーメン。今と比べるとあっさりタイプだったそうだ。屋台をイメージし、福岡直送のつまみと酒も出すと、すぐに繁盛した。

8年ほど営業した後、ビルの取り壊しに伴って、現在の場所に移転する。それでも売れ行きは順調そのものだった。コロナ禍に突入するまでは…。

「休業を強いられる中、ちゃんとラーメンを学びたいと思ったんです」。中洲の屋台では「見て覚えろ」だった。自身の店も「ラーメン屋ではなく居酒屋」と考えていた。先行きが見えない中で、昼のみの営業を視野に入れたとき、より個性的なラーメンの必要性を感じた。

教えを請うたのは福岡市東区にある「駒や」（本書77ページ）。知り合いではない。ネットで見て「自分好みで、絶対にうまそう」と思った。「修業させてください」。いきなり電話をかけると、意外にも駒や店主の倉田承司さん（46）はすんなりと受け入れてくれた。骨を足すタイミング、混ぜる頃合い、火加減の調節、温度管理…。継ぎ足しの熟成スープで人気の駒やの味を学んだ。

令和3年春、味をリニューアル。すると東京にはない味が評判を呼んだ。『くさくてだめ』と言う人はいなくて、『本場っぽさが味わえる』と言う人が多いです」

味はもちろん、店自体も本場っぽいと僕は感じている。独自のルールも、横尾さんが醸し出すオーラも、そして街もそう。「高円寺って福岡っぽい。西新みたいな感じでしょ」と横尾さん。豚骨が似合う街にある、くさいラーメン。本場より本場っぽいのではと思う。

今後は土地の違いは徐々になくなっていくのだろう。東京で福岡の味が食べられる。逆もしかり。ラーメン地図はフラット化していく。

おわりに

15年近く前のある日の深夜、僕は刑事さんと佐賀市の「駅前ラーメン　ビッグワン」（本店ではなく、当時繁華街にあった支店）にいた。別に悪いことをしたわけではない。普段から取材でお世話になっていた方で、一緒にお酒を飲み、その締めとしてラーメン屋に立ち寄ったのだ。

当時は、僕が佐賀のラーメン屋さんの歴史をひもといていく新聞連載を始めた頃だった。1軒目ではそんな話もした。でも何より記憶に残っているのは、刑事さんの食べっぷり。繰り返されたのは「替え玉コール」。食べ終わったかと思えば「替え玉ばくださ〜い」と声を張り上げ、店内に響きわたる。なぜだか僕も負けてはならないと思ったようだ。競うように替え玉を繰り返していた。

なぜこんな昔話を持ち出したかと言うと、「ラーメン屋のあんな話は知らなかった」と、記事を読んでくれていた刑事さんが言ったから。以来、取材では「あんな話」「こんな話」を意識してきた。グルメ雑誌の取材と比べ、インタビュー時間の長さに驚いた店主もいた（お忙しい中ありがとうございます）。先代の話、昔の話を思い出してもらい、とっておきのエピソードも語ってもらった。

新旧さまざまなラーメン屋さんを取材したが、紙幅に限りがあり、掲載を見送った店（特に新しい店）も多い。ラーメン屋さんの歴史はアカデミックに研究されてはいない、あくまでオーラルヒストリーが中心で、世代が変わればその正確性はどんどんと薄らいでもいくし、歴史そのものが消えゆく可能性だってある。だから、聞いて、残したい。読み返してみると、本書に古い店の掲載が多かったのはそんな理由もあるかもしれない。

コロナ禍とその後の立て直し、物価高、後継者問題…。ラーメン屋に限ったことではないが、経営を取り巻く環境は決して楽ではないと思う。それでも、仕事を楽しんでいる店主たちが多かったのはありがたかった。その点は新しい店、古い店に関係なかった。だからなのか、こちらも楽しみながら取材ができた。

店主をはじめ、ラーメン仲間たち、本の制作に関わってくれた方々、家族・友人の協力を得て、書籍化にこぎつけた。ネットに情報があふれる中で、このように手触りのある紙媒体で残せたことはうれしいし、一定の意義があることだとも感じている。改めて感謝したい。

ちなみに冒頭で触れた刑事さんと僕の替え玉回数は4回。本書に載せられなかった店はまだまだあるし、これから歴史を積み上げていく店もある。スープはまだ残っている。できることならこのシリーズも、もう一度替え玉したいと思っている。

令和6年2月

参考文献

・『九州ラーメン物語』原達郎
・『にっぽんラーメン物語』小菅桂子（講談社プラスアルファ文庫）
・『さっぽろラーメン物語』富岡木之介（まんてん社）
・『「竹家食堂」ものがたり』大久昌巳・杉野邦彦（ＴＯＫＩＭＥＫＩパブリッシング）
・『ラーメンの誕生』岡田哲（ちくま新書）
・『ラーメンがなくなる日』岩岡洋志（主婦の友新書）
・『ラーメン大全』西尾了一（旭屋出版）
・『教養としてのラーメン』青木健（光文社）
・『ラーメン最強うんちく』石神秀幸（晋遊舎）
・『ラーメン超進化論』田中一明（光文社新書）
・『ラーメン狂走曲』田中貴（ワン・パブリッシング）
・『ラーメンの歴史学』バラク・クシュナー（明石書店）
・『ラーメンと愛国』速水健朗（講談社現代新書）
・『東京ラーメン系譜学』刈部山本（辰巳出版）
・『鹿児島ラーメン案内』竹中茂雄（南方新社）
・『一風堂魂』河原成美（潮出版社）
・『東池袋大勝軒　心の味』山岸一雄（あさ出版）

・『中国で一番成功している日本の外食チェーンは熊本の小さなラーメン屋だって知ってますか?』重光克昭（ダイヤモンド社）
・『支那そばやのすべて』新横浜ラーメン博物館発行
・『佐賀軒の中華麺』佐賀新聞社発行
・『お好み焼きの物語』近代食文化研究会（新紀元社）
・『麺の文化史』石毛直道（講談社学術文庫）
・『幻の麺料理』魚柄仁之介（青弓社）
・『食の地平線』玉村豊男（文春文庫）
・『茂吉の周辺』斎藤茂太（中公文庫）
・『第二阿房列車』内田百閒（新潮文庫）

撮影・長野陽一

著者　小川祥平

記者、編集者。1977年福岡県生まれ。ラーメン好きが高じて取材を始め、〝ラーメン記者〟を名乗って活動。新聞や雑誌、ウェブなどで執筆をする。音楽も好きで、福岡のラジオ局CROSSFMの音楽番組「URBAN　DUSK」内で、ラーメンと音楽を結びつけて紹介している。著書に「ラーメン記者、九州をすする！」。編著に「地べたの戦争」「くじゅう連山　四季の絶景登山ルート」「SとN　pocket」など。記者として、福岡本社文化部、東京支社報道部、佐賀、大分・宇佐で勤務。登山雑誌「季刊のぼろ」元編集長、現在は西日本新聞くらし文化部次長

ラーメン記者 九州をすする！
替え玉編

2024年3月31日　初版第一刷発行
2024年5月25日　初版第二刷発行

著者・撮影者　小川祥平
装画　牧野伊三夫
デザイン　アリヤマデザインストア
編集　和気寛之
DTP　冨菊代
発行者　柴田建哉
発行所　西日本新聞社
〒810-8721
福岡市中央区天神1-4-1
TEL　092-711-5523（出版担当窓口）
FAX　092-711-8120
印刷・製本　シナノパブリッシングプレス
校閲　西日本新聞プロダクツ

ISBN978-4-8167-1012-4 C0026